逆向盈利

让数百万人通往财富自由之路！

周导 ◎ 著

中国商业出版社

图书在版编目（CIP）数据

逆向盈利 / 周导著. -- 北京：中国商业出版社，2019.8

ISBN 978-7-5208-0840-8

Ⅰ.①逆… Ⅱ.①周… Ⅲ.①企业经营管理 Ⅳ.①F272.3

中国版本图书馆CIP数据核字（2019）第153226号

责任编辑：黄世嘉

中国商业出版社出版发行
010-63180647　www.c-cbook.com
（100053　北京广安门内报国寺1号）
新 华 书 店 经 销
河北盛世彩捷印刷有限公司

* * *

880毫米×1230毫米　32开　6.25印张　120千字
2019年10月第1版　2019年10月第1次印刷
定价：45.00元

* * * *

（如有印装质量问题可更换）

目录

上篇　逆向盈利之八大盈利模式　／ 001

前　言　逆向盈利公开课　／ **003**

第一章　产品盈利　／ **029**

第二章　品牌盈利　／ **045**

第三章　模式盈利　／ **065**

第四章　系统盈利　／ **075**

第五章　资源盈利　／ **091**

第六章　收租盈利　／ **099**

第七章　金融盈利　／ **113**

第八章　国家盈利　／ **139**

下篇　赚钱三十六计　　/ 151

第 一 计　赚钱计　　/ 153

第 二 计　资源计　　/ 154

第 三 计　服务计　　/ 155

第 四 计　网络计　　/ 156

第 五 计　逆向计　　/ 157

第 六 计　老二计　　/ 158

第 七 计　干股计　　/ 159

第 八 计　定位计　　/ 160

第 九 计　入口计　　/ 161

第 十 计　借道计　　/ 162

第十一计　平台计　　/ 163

第十二计　扣点计　　/ 164

第十三计　跨行计　　/ 165

第十四计　混合计　　/ 166

第十五计　专业计　　/ 167

第十六计　生态计　　/ 168

第十七计　顾客计　　/ 169

第十八计　用户计　　/ **170**

第十九计　传媒计　　/ **171**

第二十计　明星计　　/ **172**

第二十一计　会员计　/ **173**

第二十二计　积分计　/ **174**

第二十三计　晋级计　/ **175**

第二十四计　代理计　/ **176**

第二十五计　生态计　/ **177**

第二十六计　股份计　/ **178**

第二十七计　钢丝计　/ **179**

第二十八计　免费计　/ **180**

第二十九计　爆品计　/ **181**

第三十计　频次计　　/ **182**

第三十一计　微商计　/ **183**

第三十二计　预收计　/ **184**

第三十三计　众筹计　/ **185**

第三十四计　联盟计　/ **186**

第三十五计　社群计　/ **187**

第三十六计　分拆计　/ **188**

上 篇

逆向盈利之八大盈利模式

前言

逆向盈利公开课

◇ **企业发展的三个时期**

近几年,越来越多的老板走进课堂,为什么?因为企业遇到了各种各样难以解决的问题。这些问题归根结底又反映在企业的盈利上,不是盈利裹足不前,就是盈利大幅倒退。我们经常听见老板们在慨叹:为什么以前的生意很好做,不需要怎么管理,现在做生意却越来越难?就算跑遍各个课堂,东学西学,回来后拼命地抓销售、抓成本、抓团队、抓管理……费尽九牛二虎之力,企业的盈利却还是越来越少?为什么?

因为你忽略了一个外部环境的变化。这个变化，我们称之为"行业周期"。事实上，**所有的行业都有一个行业周期，这个周期共分为三个阶段。**

第一阶段：暴利期

这个阶段的主要特征就是消费者不太懂，竞争对手也很少，购买需求很旺盛，成本又很低。在这个阶段，你随便做什么，哪怕水平不高，投资额也不多，但是你依然可以赚好多钱。

第二阶段：微利期

慢慢地，你从事的行业进入第二阶段，微利期。这个时期竞争对手越来越多，消费者也越来越懂，随之，你的收入上升困难，成本逐渐攀升。当你的收入降低，成本加高，你的盈利与过去相比会变得越来越少。

第三阶段：无利期

再往下发展，随着投资越来越大，竞争越来越激烈，成本越来越高，整个行业的竞争到了白热化的阶段，大家为了抢生意，盈利越来越少，最后甚至为了赢得现金流，没有盈利的生意也在做，这个阶段被称为无利期。这个时期，一些企业倒闭，最后能活下来的，往往是那些大公司、大品牌、大财团。

这三个阶段是任何一个行业都无法回避的。在不同的行业周期，我们需要选择不同的盈利方式。

如果行业处于暴利期，毫无疑问，你该选择"正向盈利"。

如果行业已经进入微利期、无利期，这个时候，你该选择"逆向盈利"。如果你还在用"正向盈利"的方式，那么你将功亏一篑。

可是，我们却看到很多老板，明明行业到了微利期，却比以前更努力。他们说，因为今天生意难做，所以我要比以前更努力，我以前的套路在今天已经不行了，所以要多出去学习。我还需要加大投资，因为我要转型升级。事实上，他所采用的方式和方向，还是"正向盈利"那一套，只是换个形式而已，结果收效甚微。

如果行业进入到微利期、无利期，那么你如何努力，如何好学，如何投资，结果都将可能会付诸东流，因为你犯的这个错误是方向性的错误！

为什么我们的《逆向盈利》课程每个月都可以开两次，每次至少有500多个老板参加？就是因为逆向盈利这一套新商业模式，切中了一些中小微企业的一个刚性需求：当各行各业已经进入到微利期和无利期时，到底该怎么赚钱？

◇ 正向盈利和逆向盈利的不同之处

"正向盈利"和"逆向盈利"到底有什么区别？我先和大家分析"正向盈利"，讲清楚"正向盈利"后，再和大家分享什么是"逆向盈利"，以及让赚钱提速的新方法。

有一天，一个人找到我。他说，周导，我想咨询一下，我做了一个珠宝店，这个珠宝店在三四年以前一直都很赚钱，可是最近这几年，我发现生意越来越难做，不管我怎么努力、怎么好学，可是依然解决不了珠宝店近年来怎么赚钱的问题。

经过他很详细地讲解之后，我整理出以下一组数据，大家一起看看他以前的生意状况。

某珠宝店以前的经营数据

总投资额	50万元
工资支出	共3人,平均1000元/人/月,共约4万元/年。
租金	8万元
竞争对手	方圆几公里内,只有他一家珠宝店,这说明一个问题:对他而言,根本不存在所谓的竞争。
每天客流量	平均大约260人
成本/利润率	成本只有30%,利润率高达70%。

我整理完所有数据后,很惊讶,问他:"这么多年来,你不是赚了很多钱吗?"

他微微一笑,点点头说:"对呀,以前的生意真的很简单、很好做,也不需要我怎么管理,而且做生意很赚钱。"

"我在店里做生意,经常会发生这种状况:一边有人已经买过单,另外一边有人手上戴上戒指,最后两个人吵了起来。买过单的人说,这个戒指是我的,我已经买过单了。另外一个人说,戒指现在戴在我手上,就是我的,我也马上就去买单了。所以以前做生意,只要我把货进好一点,根本不用为生意发愁。

"我们的店正常是08:00开始营业,每天都是我去开门。有一天我睡过头了，08：30才到店里，那时门口就已经围着一堆人了，当我把店门打开，他们就冲进去，然后开始从早买到晚。

"可是到了现在，一天下来没多少客流量，不仅客流量少，而且利润率也很低。周导，您说为什么现在的生意变得这么复杂，这么难做呢？"

听完他的话之后，我又整理了一组数据，并把以前的经营情况和现在的情况做了对比。

项目	以前	现在	涨跌倍数
总投资额	50万元	经过五六次的装修和扩大后，今天的珠宝店越做越大，总投资额达到1800万元。	↑36倍
工资支出	3名员工，每年支出约4万元。	增加至15名员工，每年支出约120万元。	↑30倍
租金	每年8万元	增加至每年120万元	↑15倍
竞争对手	方圆几公里内，只有他一家珠宝店，不存在竞争对手。	在他附近，共有6家珠宝店。	↑6倍

续表

项目	以前	现在	涨跌倍数
每天客流量	平均大约260人	平均大约50人	↓80%
利润率	70%	20%	↓3倍

整理出这组数据后,他一直问我:怎么办,怎么办?我笑了笑,总结说:"基于你的生意状况,总结出以下八个字,投资太大,生意太差。"

他说:"周导,你一下子说到我的核心了,真的是这样。虽然我做了这么多年的生意,可是我的资金却非常紧张,现金流非常短缺,现在又面临着这个店需要重新装修,需要投资500万元,所以我今天来找你,就是希望你能帮我策划一个'如何融资500万元'的方法。"

何谓"正向盈利"?

通常来说,企业主要靠销售产品来实现盈利,这是传统企业的主要盈利方式。一方面,企业透过严格的管理,把产品的质量做好,把内部的员工管理好,持续不断地降低各种运营成本;另一方面,企业透过各种营销手段,把市场的销售业绩提上去,最后达致企业利润最大化；在面对盈利困境时，企业会采用进一步加大投资力度来促进销售收入。这种以追求"利润最大化"为目标的盈利方式，我们就称之为"正向盈利"。其四个关键词是：收入、成本、利润、投资。

正向盈利的赚钱逻辑是：利润才是钱。不过这种逻辑一般只适用于行业处于暴利期。

◇ "正向盈利"第一大死结：利润找不到有效的出路

这就是"正向盈利"典型的第一个死结，也是最大的一个死结。就是当他所处的行业经过了多年的经营之后，这个行业已经从过去最早的暴利期，慢慢地进入到今天的微利期，甚至是无利期，也就是收入增长极为缓慢，但是成本却在逐年攀升。当收入上不去、成本下不来的时候，利润往往就没有一个有效的出路。

大多数的老板在此时迫于时势，会选择加大投资，进行所谓的转型升级。这到底好不好呢？

◇ "正向盈利"第二、第三大死结：资产没有一个变现的出口；投资没有出头之日

何谓"资产没有一个变现的出口""投资没有出头之日"？

我给大家举一个例子：比如你账上现在有100万元的现金，你准备拿这100万元去做什么？炒房子？炒股票？借给别人收利息？或者是拿去做企业？总之，这100万元不可能让它放在那里睡觉，也不可能把它放在银行里等着收利息。所以，你可能会去开工厂、做批发、开门店……不管是做什么，我给大家剖析一个基本的案例。

假设你把这100万元拿去开了一个饭店，叫"老王餐厅"。经过你一年的努力，一年后创造了200万元的总营业收入。

为了创造这200万元的营业收入，你在这一年当中花了很多心思，比如：

每天研究如何提升客流量。

每天研究如何提升每个顾客的平均客单价，为了提升客单价，你的菜谱可能换了3次、5次，甚至还推出了"厨师长推荐菜""店长推荐菜"，等等。

为了提升顾客的回头率，你还设计了各种充卡方案，比如，充1000元送200元、充1000元打8折等。

总之，经过你一年的努力，加上学习，你创造了200万元的收入。紧跟着，还产生了150万元的成本，这个成本是你的菜、油、米、员工工资、广告费等开销。所以一整年下来，你创造了200万元的营业收入，减掉150万元的成本，最后获得了50万元的利润，这样到底好不好？

我在《逆向盈利》的课堂上问过很多学员，有的说好，有的说不好。曾经有个学员给出了最好的答案：

他说，这个要看时间。如果10年前，投资100万元，一年赚50万，说实话，这个投资回报率不怎么样；

如果5年前投资100万元，一年赚50万元，这个投资回报率我觉得还可以；

可是如果今天做一个生意，投资100万元，一年赚50万元，说实话，这已经是我今天东学西学、一直在追求的目标。

现在，我从我的财务角度跟大家算算：从你的账上看，你觉得赚了50万元，可是在我的账上算出来，我觉得你一年前就有100万元，现在却只有50万元，所以到底你是赚了，还是赔了？我不知道，反正从现金的角度，你少了50万元。

讲到这里，几乎所有的老板都不认同：周导，你这个账不对，概念不对。为什么不对？因为我那家店还在呀，我那家店还值100万元。

没关系，你的逻辑是"留得青山在，不怕没柴烧"。所以第二年开始了，你又从年头忙到年尾，又创造了200万元的收入，减掉150万元的成本，最后创造了50万元的利润。两年时间过去后，请问你到底是赚了还是赔了？

从你的账上算，你觉得你两年赚了100万元；但是从我的账上算，对不起，你是白忙了两年。为什么？因为两年前你的账上就有100万元，而两年后的今天，你的账上还是只有100万元。

你会说没关系，我的店还在呀。好的，第三年又开始了，又是收入200万元，成本150万元，你又赚了50万元。当你3年后的某天，决定把整个店扩大规模，重新装修升级，那么对不起，你3年前投资下去的100万元就会被你"乒铃乓啷"敲得一文不值。

如果你还想把原来的2个店面扩大成4个店面，把档次提升一下，决定投300万元去装修的话，那么你这3年积累下来的150万元，全投下去还不止，还需要另外借上150万元，才能使你的店重新再上一个档次，重新变得更有竞争力。

到这里，我可以给你算总账了：

3年前你做生意的时候，账上还有100万元现金，3年过去了，在所有人的眼里，你的生意在做大、做强。因为你的店从2个店面变成4个店面，你原来只有5个员工，现在变成15个员工。所有的老板一直追求的逻辑就是：做大，使资产规模最大；做强，把员工、团队做强。不知不觉中，最后把你的公司做成了"重资产+重运营"。

在所有人的羡慕中，在鲜花、掌声、美称的各种荣誉中，事实上只有你心里最清楚：老板做得越大，其实还没有当年有钱。这就是"正向盈利"最重要的三大问题。

第一个问题，利润找不到有效的出路，因为收入上不去，成本下不来，所以利润找不到出路。

第二个问题，你投资100万元开了这家饭店，在发展的过程中，你会发现，你的资产是没有一个变现的出口，等到有一天你要扩大规模，再上一个台阶，这些资产就被敲掉了，一文不值。

即使能够变现，也只是"残值变现"。所谓"残值变现"，就是你当年投下去的100万元，可能到最后变现时，只值10万元；你当年投入的2000万元，变现时，只卖200万元。所以，你的资产是没法增值的，只会逐年贬值。我称之为"资产没有一个变现的出口"。

第三个问题，就是"投资没有出头之日"。当你一年挣50万元，你需要投资100万元；一年挣500万元，你需要投资1000万元；你一年想要挣5000万元，你的投资额就需要1个亿。所以，投资永远没有出头之日。

"利润找不到有效的出路""资产没有一个变现的出口""投资没有一个出头之日"。这就是"正向盈利"的三大问题。

◇ **三种类型的"赚钱的逻辑"，你是哪一种？**

昨天的老板是"产品专家"，今天的老板必须成为"商业模式的专家"，明天的老板必须成为"用户体验的专家"。

赚钱的逻辑和赚钱的道具，直接决定了你的盈利方式。

比如，第一种公司，赚钱的道具是产品，那么这种公司每天研究的两个方向：

第一，通过营销来持续不断地提高收入；

第二，通过管理来持续不断地降低成本。

然后追求企业利润最大化。

总结：第一种类型公司的特征是以产品为中心，追求利润最大化为目标，以营销提高收入，以管理降低成本为手段。我们把这种公司称为"传统公司"，开工厂、做批发、开门店……就是属于传统公司。

第二种类型的公司，它不是以产品为中心，而是以模式为中心；它并不是以利润最大化为目标，而是以现金流为目标。它采用的手段是用"项目组合"的方式，因为在它的眼里，所有的产品、所有的项目都只是个道具而已。

这种类型的公司关注两个点：

第一，就是要找到一个能够"跑量"的项目，能够让我"快速聚人"的项目，能够让我"快速建渠道"的项目，所以它是以"跑量、聚人、建渠道"为目标；

第二，另外再找到别的项目，帮它赚取盈利。

总结：第二种类型的公司，以模式为中心，追求现金流最大化为目标，采用的手段是"跑量型的项目+盈利型的项目"进行组合，这种类型的公司称之为"新型公司"。

第三种类型的公司，称之为"未来公司"，所有的互联网公司几乎都是未来公司。

总结：第三种类型的公司是以用户为中心，它既不是追求利润最大化，也不是追求现金流最大化，它是追求公司的市值最大化。它采用的手段，跟前面两种公司截然不同，它们一边加大投资，一边加大融资，因为在这种类型公司的眼里，它们认为"得用户者得天下"。所以它们为了获取庞大的用户数，不惜投入重金，比如，滴滴打车、京东、腾讯、阿里巴巴、百度等。这种公司称之为"未来公司"。

这三种类型的公司，表面上看是赚钱的道具不同，而实际上是老板"思考赚钱"的思维逻辑不同：

对于传统公司的老板，毫无疑问，他们就是产品专家；

对于新型公司的老板，毫无疑问，他们就是模式专家；

对于未来公司的老板，毫无疑问，他们就是资本专家、用户体验的专家。

所以我说：昨天的老板是"产品专家"，今天的老板必须成为"商业模式的专家"，明天的老板必须成为"用户体验的专家"。

◇ **《逆向盈利》：改变你原有赚钱的逻辑**

今天，你只要能看得到、听得到的"快速做大、快速赚钱"的公司，几乎都不是靠产品。我想说的是，不是说产品不重要，而是比产品更重要的是，你得有一套模式。

很多人都在卖杯子，都在研究这个杯子怎么卖，都在说：我家的杯子质量如何如何好，可是就是卖不掉！

很多人都在卖按摩椅，说功能如何强大，按摩如何舒服，可是就是卖不掉！

很多人都在卖化妆品，说永葆青春，让你明艳动人，可是就是卖不掉！

……

是产品不好？销售水平太差？还是广告没有做到位？但是事实上，我们《逆向盈利》的一个学员，他也在卖杯子，但是卖了4个月就能赚2000万元，他靠的是什么？

靠杯子本身吗？杯子在市场上本来就有，他这个杯子也是别人做的，只是拿过来、贴个标签就拿去卖。但是在短短4个月的时间，他就能够卖出去380万个杯子。靠的就是在共享经济这个时代一套共享的商业模式。

《逆向盈利》的另外一个学员，卖去皱、抗衰的产品，刚开始做的第一个月，就能做1000万元的生意。他靠的是什么？还是靠一套模式。

还有一个卖按摩椅的学员，他用一个月的时间，就能融资500多万元，6个月的时间融了2000多万元。靠的是什么？还是靠一套模式！

也许大家在看到上面这些案例时，多少会心存疑虑，会觉得我有夸大其词的嫌疑，给人造成点石成金的错觉。这一点我当然很理解，这些案例的成功肯定不能归功于单一的模式元素，里面同样有操盘人的能力，也有其他各种决定成功的因素。如果模式是成功的，执行人的能力不行，或者团队不行，最后必然仍是失败的结果。所以，我在这里，给大家提供这种新的盈利模式，改变大家原有的赚钱逻辑和赚钱的思维，给中小微企业的生存和发展提供一些帮助。大家学会后也要提高团队的战斗力，不要让这么好的赚钱模式成为空中楼阁！

过去，传统的正向盈利的"思维模式"就是：

"每天研究如何提高收入，每天研究如何降低成本"，因为收入提高，成本降低，你就可以实现利润最大化。当你实现利润最大化的时候，你接着可以再加大投资，因为加大投资就可以扩大规模：你可以从1个店变2个店，2个店变4个店，4个店变8个店；如果开工厂的话，就从1条生产线，变2条生产线，变4条生产线，变8条生产线……因为规模越大，在别人的眼里代表越成功，代表你收入越高，然后形成规模效应，成本降到最低，可以赚更多的钱，然后继续实现更大的利润。

但是对不起，不管你今天开工厂，还是开门店、做批发，如果你还停留在传统的正向盈利的"收入、成本、利润、投资"这四个思维的话，你会发现今天举步维艰，生意越来越难做。因为今天赚钱的逻辑已经开始从传统的四大思维迈向创新的四大思维，创新的四大思维分别是：入口思维、平台思维、跨行思维和生态思维。

◇ **《逆向盈利》让你抓住最大的赚钱机会**

《逆向盈利》认为，**未来最大的赚钱机会，不是在消费市场，而是在资本市场和创业市场**。往小的方面讲，就是你要研究如何把手头的股权变成钱，把你做的这个事情设计出一套模式，然后把这个模式卖给别人,让别人能够挣钱,这才是今天真正的最大的赚钱机会!

《逆向盈利》有一个非常重要的方向,我把它称为"钱景规划",也就是说,钱到底在哪里?大家过去都以为,钱在一个地方,叫消费市场。事实上,我们发现钱分别有三个市场:

第一个市场:消费市场。消费市场的主要特征是进行普通的商品买卖。

第二个市场:创业市场。创业市场买卖的不是商品本身,而是一个赚钱的机会,所以设计一套模式,然后透过这个模式帮助别人挣到钱,其实就是今天最好的一个生意!

第三个市场:资本市场。在美国、日本、欧洲,几乎没有什么创业市场,越是发达的国家和地区,基本上普遍只有两大市场:资本市场、消费市场。资本市场买卖的商品不是我们所理解的货品,而是股权、资金等。

在这里我给大家算一笔账:

以前,如果你的公司估值5000万元,那么你卖掉20%的股份,你就获得1000万元。

现在，如果你设计一套模式出来，分别卖给各级代理，假设一个省的代理，能够被你卖掉100万元，那么按全国30个省来算，你就能获得3000万元；

如果一个城市，你能够卖掉30万元，那么全国300个城市乘以30万，你能够卖掉9000万元；

如果一个县城，你能够卖掉10万元，那么全国3000个县城乘以10万，你就能够卖掉3个亿；

在今天，什么生意才是最好的生意呢？就是帮助别人挣钱的生意。所以，模式解决的不是让自己多挣钱，而是如何让别人多挣钱。

商业的本质就是"买卖"二字，所有的生意归根结底就是有人买、有人卖。如果你把生意上升到一个模式，并且吸引到很多人来买你的模式，透过你的模式去挣到钱，那么就有大量的人去帮你卖货，生意就可以快速地做大，快速地挣钱。

我再跟大家分享几个案例：

一家瑜伽馆的老板，过去每天都在研究我这个瑜伽馆，如何做得更好，如何可以开更多的分店。经过学习后，他发现要用

"平台思维"来做瑜伽馆，所以一年不到的时间里，就从一个瑜伽馆开成200个瑜伽馆。

一个做汽车美容店的老板，有天握着我的手说，周导，我终于理解你所说的"打造项目成为企业银行，开启源源不断的现金流"的意思了。他从学习到现在，不到一年半的时间里，从最早的2个汽车美容店，今天已经变成了500个汽车美容店。

这些案例就是在新思维的指导下，进入到"入口思维"，你会发现：从此之后再也不用为客流量操心了。

如果进入到"平台思维"，你会发现你的员工从此以后再也不用你发工资了，是他们给你发工资。你的竞争对手和员工一样，可以帮你赚钱，你也可以帮竞争对手去卖货，然后创造更庞大的现金流。

过去你的规模越大，投资额越大。可是今天，你会发现，不管你规模做多大，跟你的投资额一点关系都没有。

如果进入到"跨行思维"，你会发现，一个小小的美容院，总投资才50万元，居然一年可以赚1500万元，靠什么？靠顾客去做个面膜？靠做个推拿按摩？怎么可能！事实是，今天的美容院已经成为他的用户的一个聚集点，一个流量的入口，真正的盈利来自美容之外的盈利。

赚钱的基本公式：资源+经营。最后，投资的思维过渡到今天，我们称之为"生态思维"，随着生意竞争越来越大，你需要透过"投资+融资"来进行生态化的布局，实现庞大的资源聚集。

◇ 《逆向盈利》中国新商业模式第一课

熟悉的地方没有风景，亲人的眼里没有伟人，商业的世界没有真相，常规的产品没有利润。《逆向盈利》将为你的企业找到一条全新的盈利之路！

现在，我把前面分享的内容跟大家做一个总结。

第一部分：为什么要学习《逆向盈利》

每一个行业，都有属于它的行业周期，当行业周期从暴利期转向微利期，甚至是无利期时，你如果再用传统的"正向盈利"的思维已经赚不到钱了。而所有的企业存在的基础就是"盈利"。所以，当你从事的行业由暴利期转向微利期、无利期时，你盈利的方式就要从"正向盈利"转向"逆向盈利"。

第二部分：怎样进行"逆向盈利"

赚钱的逻辑和赚钱的道具要发生改变！从过去靠卖产品赚钱转向现在设计一套模式赚钱，而未来就要靠用户赚钱。

过去的赚钱逻辑认为，利润才是钱。你今天要摒弃这个想法，转向"现金才是钱"。比如，你到一个店里去消费，吃了一顿饭，当你买单的时候，你能给他的一定是现金，不是利润，所以事实上利润不是钱，只有现金才是钱。

你的思维要从"利润"转向"现金"，未来要迈向公司的估值和市值，也就是说，要能把你手头上的股权都变成钱。

第三部分：如何可以实现"逆向盈利"

昨天的太阳晒不干今天的衣服，昨天的能力也赚不到今天的财富！你的思维需要再造。

过去的思维被禁锢在"收入提高、成本降低、利润最大化、加大投资、扩大规模"，这是过去传统的正向盈利的"四种思维模型"。而事实上，你的思维在今天需要再造。

你需要用"入口思维",那你创办公司之前,就可以有源源不断的客流量。

你需要用"平台思维",让你可以不用发工资,反而变成了员工给你发工资,让竞争对手帮你做生意,而你也可以靠竞争对手的产品,创造出庞大的现金流。

你需要用"跨行思维",跳出原有的主营业务,盈利方式不一定局限在主营业务,你还能不能够有跨行业的盈利收入呢?

你需要用"生态思维",来整合你的资源,重新布局。如果你今天的资源完全靠你自己个人的资金、个人的人脉、个人的能力、个人的渠道、个人的产品,那么在今天做生意,光靠这点资源,明显不够。

第四部分:"逆向盈利"的金三角

在"正向盈利"的指导思维下,你认为只要把产品搞好,内部员工管理好,外部市场营销做好,就可以赚钱。对不起,这个想法已经不符合今天这个时代了。这些都已经成为企业的标准配置,是你公司内部的经理人、员工去做的事。

你需要从传统的正向盈利的铁三角（产品、管理、营销）上升到一个维度，也就是迈向逆向盈利的金三角（模式、融资、招商）。

当很多人都在喊生意难做，挣不到钱的时候，其实你没有看到在《逆向盈利》的课堂里，一大堆老板在狂欢，因为他们觉得这个时代太好了，太有前途了。为什么？

因为今天这个时代稀缺的不是产品，而是一套好的模式。所以我说："千万不要错过了最容易挣钱的2017年、2018年和2019年，因为这三年是属于卖模式的红利期。"

这个时代最紧俏的商品，就是一套好的模式，它可以让你用很小的投资，甚至不投资，用很少的员工，甚至没有员工，就可以快速地把一个公司做大，迅速赚钱。

所以最后送四句话给各位：

第一句话：熟悉的地方没有风景。是说你在这个地方看久了，再也欣赏不出它的美。

第二句话：亲人的眼里没有伟人。因为相互之间太熟悉了，你再也发现不了他的优点。

第三句话：商业的世界没有真理。只有成王败寇，当赚到钱了，别人就认为你说的、做的都是对的。

第四句话：常规的产品没有利润。也就是你所售卖的货品，如果别人都已经认为是常规的产品，而你的做法又是常规的，产品是常规的，那么对不起，你赚不到钱。

第一章
Chapter 1

盈利模式一

Corporate Profit Model Ⅰ

产品盈利

Profit from Products

↓

产品盈利：以产品为载体，赚取盈利。

表现方式：产品越做越好，价格越来越便宜。

实现手段：持续不断地提升管理水平，同时大幅度降低产品的固定成本、变动成本和人工成本。

"产品盈利"模式是上个时代的主要盈利方式。凡是靠产品赚钱的企业，不论是工厂制造，还是贸易流通、批发代理，或者开店做终端销售，这类型企业所采用的盈利方式都是属于"产品盈利"模式。

一年前，我去浙江义乌讲课，听众都是当地的老板。

我问他们：义乌人为什么这么有钱？没有人回答。

我又问：是因为义乌人比其他地方的人更勤劳吗？

听见我这么问，有些老板把头低下去了。

我又问：那是因为义乌人比其他地方的人更聪明吗？

又有一些老板不好意思地低下了头。

其中一个老板告诉我：他们平常除了进货、卖货之外，有空了就和几个朋友聚在一起，打牌消遣，所以根本谈不上勤劳。他还说，他隔壁那个老板，小学还没毕业，连50以内的加减法都是靠按计算器的……

所以，各位听出来了吗？义乌的人并不比其他地方的人更聪明，也不比其他地方的人更勤劳。可是为什么义乌这个地方的人就比其他地方的人富裕呢？

因为他们在对的时间里选择了对的盈利方式！在上个时代，义乌就能够卖出全世界最便宜的小商品。

这就是我们要讲的"企业八大盈利方式"的第一种模式：产品盈利。

"产品盈利"模式最显著的一个特征就是：产品价格便宜，

用最低的成本做出最好的产品。我们称这类企业为"成本领先型企业"。

你可能不以为然，把产品卖得便宜算什么本事？事实上，成本降低的背后却是考验企业管理的综合能力，能够把成本降到最低就是企业管理综合能力的最好体现。

在顺德，有一家企业叫格兰仕，它主要的产品是微波炉。格兰仕的微波炉曾连续12年在中国同类型产品中市场销量第一。从1992年生产微波炉至今，格兰仕的主要竞争策略一直都不变，奉行"价格战"，因此在业内获得了"价格屠夫"的称号。

据媒体报道，格兰仕董事长梁庆德的思路是，格兰仕一定要做到在微波炉产品上占据全球把持地位，就好像一个人铆足了力气在一个拳头上出击一样。

"做绝、做穿、做烂市场，在单一产品上形成不可超越的绝对优势。"这是格兰仕常务副总裁俞尧昌对格兰仕掀起价格战的评论，他说："为什么我们要这样做？就是要使这个产业再没有投资的价值。"

1996年8月，格兰仕微波炉第一次降价，平均降幅达40%，当时一台松下微波炉在中国市场售价为3000元以上，而格兰仕微波炉的价格则控制在1600元左右,仅相当于前者的1/2。此后7年间,格兰仕共进行了9次大规模的降价,每次降价幅度一般都在30%~40%之间。1999年,格兰仕独享国内微波炉市场70%以上的市场份额,把国内微波炉市场的生产厂商数量从100家打到不足30家。

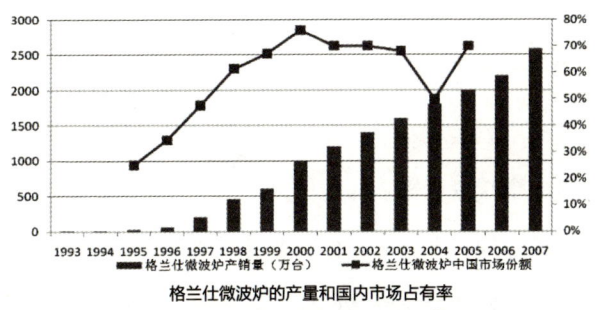

格兰仕微波炉的产量和国内市场占有率

我们以前是很鄙视价格战的,那是因为我们是被动式地参与。但真正的高手都是能主动挑起行业价格战的人物。

格兰仕的这种打法,最后让微波炉的国际巨头松下电器受不了了,因为格兰仕微波炉的定价比松下微波炉的成本还低一块钱,这生意没法做,所以最后松下电器把微波炉的生产线索性送给了格兰仕。

对于这种盈利方式,我又习惯于称之为"格兰仕盈利法"。

产品盈利的秘诀就是：产品越做越好，价格越来越低。

产品盈利的核心是考验企业的成本管控能力。我们经常说降低成本，那么这个成本究竟包含哪些成本？我们通常认为成本包含以下这三方面。

◇ **1. 固定成本**（Fixed cost）

固定成本就是成本总额在一定时期和一定业务量范围内，不受业务量的增减变动影响而能保持不变的成本。直接说，固定成本就是不管你的生意好坏，你都要支付的这笔钱。比如，工厂的土地、房租、机器设备等基础设施，以及办公室和门店的装修和租金等。

在降低固定成本方面，有一家企业可谓做到了极致。这家企业是我国台湾地区的一家咖啡连锁企业——85度C（85°C），它一反星巴克（Starbucks）那种高端、大气、上档次的装修和店面风格，而是选择大约8平方米的店面。它售卖的咖啡，价格实惠，8元就可以品尝到和星巴克一样品质的咖啡，吸引了很多顾客到店里端起咖啡就走。

85度C用这种方式重新定义了咖啡，它认为咖啡就是咖啡，就是一种饮料。85度C不像传统门店一样强调"翻桌率",而是强调"外带率",所以他们的很多顾客都是买了85度C的咖啡去别的地方喝。

在台湾,85度C的选址策略有一条必须遵守的原则,就是"盯住"星巴克。它专门在星巴克的旁边开店,甚至有些顾客买了85度C的咖啡后,跑进了隔壁的星巴克里喝。

85度C紧跟星巴克的选址策略取得了巨大的成功,凭借这一策略,85度C在台湾两年半的时间里开出了300家分店,营收、利润、市场占有率都打败了全球咖啡老大星巴克。

还有一家企业叫宜家家居,宜家家居的店一般都开在远离市中心的市区边缘。对于这家企业,我很早就开始关注,2015年7月,朋友告诉我宜家家居入驻杭州了,于是我带上家人去逛,从滨江区开车竟然花了50分钟才到,原来它在杭州的店开在乔司。乔司是杭州市内地价最低的地方之一。(在下文,我们还会详细剖析宜家的策略。)

◇ **2. 变动成本**(Variable Cost)

变动成本与固定成本相反,变动成本是指那些成本的发生总额在相关范围内随着业务量的变动而呈线性变动的成本。

比如，餐厅里的食材就属于变动成本。餐厅生意好，来店消费的客人多，所用的食材也就多；生意不好，光顾的客人少了，食材的用量也会随之减少。

又比如，工厂的用电量。工厂在订单旺季时，用电量比淡季时多。所以2009年，国家拿出4万亿货币刺激经济的时候，衡量一个地方的生产情况是否恢复，其中一个指标就是看它的用电量有没有回升。

在控制变动成本方面，我国台湾地区台塑集团可谓做到极致。台湾地区的前首富王永庆还有一个称呼——"台湾第一抠"，据说这位王老板在喝咖啡的时候，喝到最后杯子里还剩一点时，也要倒点开水进去，然后晃一晃，涮一涮，再喝下去，一点都不浪费。有点类似今天喝酸奶时，揭开瓶盖后还要舔舔瓶盖。

台塑集团有个规定：凡使用纸张者，如果用一面，另外一面没用就扔掉的话，那么对不起，你被开除了。在他们公司，一个信封要来回使用上八次才能废弃，这在今天是难以想象的：一个信封写一次就没地方写了，怎么能够再使用八次呢？原来他们在信封用完一次后，再贴上白纸继续写，如此反复八次，扔的时候恐怕这个信封已经变成了一块纸板。

为什么要这么节约？因为台塑集团走的就是产品盈利模式，所以必须厉行节约，降低变动成本。

◇ 3. 人工成本（Labour cost）

人工成本（人事费用）主要包括：职工工资总额、社会保险费用、职工福利费用、职工教育经费、劳动保护费用、职工住房费用和其他人工成本支出等。

降低人工成本是目前世界500强企业都在做的一件事。当我们看到某企业一旦不景气了，它做的其中一件事就是裁员。

2016年，苹果手机最大的代工工厂富士康为降低劳动力成本，在其江苏省昆山市的工厂中引入机器人，并削减54%的工人数量，从原来的11万人减到5万人。不仅如此，富士康的厂区还从中国搬到了印度，为什么？因为印度的人工成本、地租成本远低于中国，富士康之所以这样做，无非还是三个字：降成本。

在以产品为载体的盈利方式中，把产品做到最好不是目的，把价格降到最低才是目的！

◇ 沃尔玛：天天低价

沃尔玛打出的口号是"天天低价"，其创始人山姆·沃尔顿有一个著名的"女裤理论"：女裤的进价0.8美元，售价1.2美元。如果降价到1美元，我会少赚一半的钱，但却能卖出3倍的货。

所以在北美，但凡沃尔玛入驻的商圈，跟它有竞争的超市无不纷纷倒闭，沃尔玛因此一举成为世界最大的零售巨头。沃尔玛在美国开办的连锁店达1702家，超市952家，山姆俱乐部仓储超市479家；它在海外还有1088家连锁店。

2000年，沃尔玛全球销售总额达到1913亿美元，超过美国通用汽车公司，仅次于埃克森美孚石油，位居世界第二。

而这位美国首富也是出了名的节俭，每次理发只花5美元，这是当地理发的最低价。老沃尔顿的几个儿子也都继承了父亲节俭的性格。美国大公司的老板，一般都有豪华的办公室，但现任公司总裁吉姆·沃尔顿的办公室却只有20平方米，公司董事会主席罗宾逊·沃尔顿的办公室更只有12平方米，而且办公室内的陈设也显得十分简陋，以至于很多人把沃尔玛形容为："穷人"开店穷人买。

◇ **某品牌服饰企业：变态的品控能力**

某品牌服饰企业在2015年下半年比较火，但今天我们聊的并不是它的"试衣间"，而是它的盈利方式。

该服饰企业的衣服从上架到清空会经历3次以上的降价，前2次会调回原价，但第3次以后就不会再调回原价，直至把这款衣服卖光。而降价的范围占全品类的10%~40%，每周一换，降价的幅度达20%~30%。

一般而言，服饰分为两种：一种是超一流的品牌，品质非常好，但价格也非常贵；另外一种就是没有什么品牌，售价很便宜，质量也不算很好，两极分化的情况很严重。

该服饰企业创始人说："我就想做中间的那部分，价格比较便宜，但是产品的品质非常好。"同样一件polo衫，"鳄鱼"的要卖600多元，但我们的品牌却只要128元，遇上打折的时候，98元就能买到。而且你会发现我们的衣服，质量也非常好，穿一个夏天一点也没变样。

这一切的背后是因为该服饰企业具有强大的成本管理能力和变态的品控能力。

我曾看到一个数字,感到很惊讶。该服饰企业的服装很多都是在中国生产的,业界的平均次品率一般是2%~3%,该服饰企业则要求工厂把次品率降到0.3%。而且,该服饰企业评定次品的标准非常严格,如何严格?比如在T恤的表面,就算只有一根0.5毫米的线头,也算次品。

该服饰企业的衣服质量很好,但是价格实在太低了,以致大家都不好意思让别人知道这是在该服饰企业买的,该服饰企业了解顾客的心理,于是所有的衣服都不带该服饰企业的logo。可是就是这些不带logo的衣服,在2009年把柳井正送上了日本第二富豪的宝座。

◇ 宜家:先设计价格,再设计产品

宜家家居的创始人英格瓦·坎普拉德同样以卖全世界最便宜的家居产品而成为瑞典的首富。

去年有一天,我夫人逛街买回一个罐子,由于我长期为企业做商业模式策划,因此对定价和数字有着习惯性的敏感。于是我问她:"买这个罐子花了多少钱?"她说:"你猜?"我看那罐子的外观和工艺都不错,估计至少也要300多块,因为我们以前买家居产品都是在其他家居超市买的,这样的一个罐子估计定价应该在299元。夫人告诉我:"68元。在宜家买的。"

后来我去杭州的宜家家居时,留意到扶梯边的墙上写着一句话:我们的设计师先设计价格,再设计产品。

你看,这就是高手!传统的老板都是先做出产品,再根据产品的成本定价。而宜家家居却是根据人们的消费能力,先设计价格,再根据价格设计人们需要的产品。

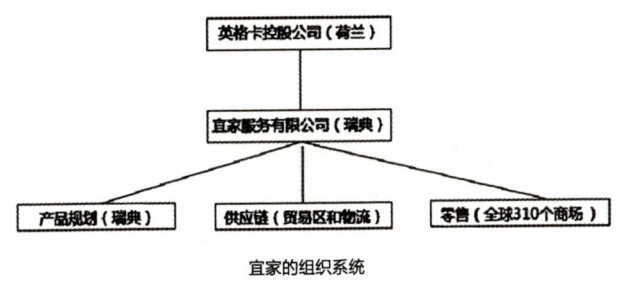

宜家的组织系统

为了使自己的产品在价格上具有竞争力,宜家可谓想尽一切办法去减少制造成本和经营成本。比如:

集中设计、全球采购;

在当地委托加工以减少物流成本;

商城选址一般位于城市郊区,而且设有较大的停车场;

采用仓储式的装修,讲究清洁、干净、有条不紊,而且不奢侈;

通过信息化减少人力成本,通过专业化把物流及售后服务外包;

全球性的规模化供应。

这样让成本下来了,产品在价格上就有优势。

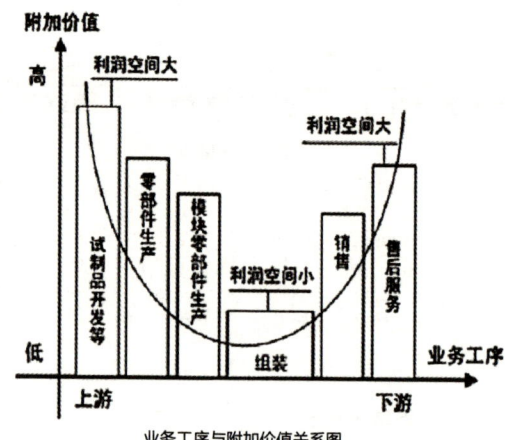

业务工序与附加价值关系图

传统的家居企业，很多产品都是要定做的，因为房子的大小不一、结构不一，客厅、厨房、睡房的设计也不一样，但是宜家家居尽量采用标准化的产品设计，特别是柜子、书架，甚至睡床，都是采用组合式的设计，而且也提供了很多款式让客户挑选。标准化的产品便于进行大规模工业化生产。

不仅产品标准化，就连服务、经营模式、对外形象等也是标准化。当你走进每个宜家商城，你会发觉商城都是分成两层的，你必须顺着箭头指引的方向，先逛楼上一层的家具，把所有的东西看了个遍后，然后再到楼下把所有的家居用品看一遍，最后来到仓库区，把你要购买的标准化家私装上推车，来到前台结账。

在宜家，参观的人流一直都向同一个方向前进，不会造成混乱，顾客也不会忘记购买哪一件物品，这就是标准化经营模式带来的好处。

宜家还开创了平板包装的形式，现在很多企业采用的家具快递服务，比如，把餐桌的桌腿和桌板卸掉后再装车运输，这种方式最早就是宜家发明的，不仅节约了运输和仓储的成本，而且还砍掉了安装工人的成本。

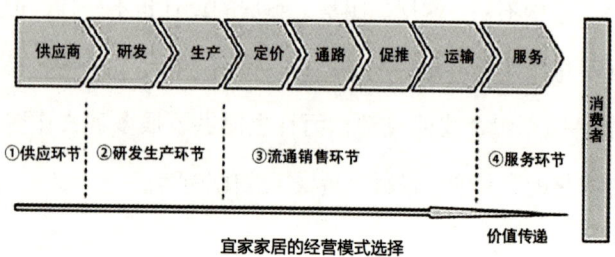

宜家家居的经营模式选择

宜家的创始人英格瓦·坎普拉德更是成本控制方面的高手。

他可以把一款咖啡桌的出厂成本控制在人民币十元以内；

为了特价机票，他可以让员工在机场等上几个小时；

公司还一度禁止中低级别的员工使用手机和笔记本电脑；

只需要几秒钟，英格瓦就能算出，俄罗斯的松木在波兰就地切割、胶接、加工，然后在瑞士出售，会耗费多少成本，得到多少利润。

……

对于靠产品盈利的企业而言，在成本上斤斤计较，是十分必要的。

第二章
Chapter 2

盈利模式二

Corporate Profit Model II

品牌盈利

Profit from the Brand

品牌盈利：依靠品牌谋取盈利。

表现方式：赋以品牌附加值，让品牌本身具备盈利能力。

实现手段：通过强调产品的独特功能来塑造品牌，将品牌与人类情感强烈地联系起来，让品牌代表一种精神、渴望、享受，引起共鸣。

看过《泰坦尼克号》的朋友都知道，影片的开头是一组潜水队员从沉船的残骸中打捞出一只箱子。他们回到岸上打开一看，发现箱子里面竟然没有渗进海水，而且还有一幅保存得完好如初的画。

这幅画画着一个裸体女人，脖子上戴着一条项链，项链上有一颗钻石，名为"海洋之心"，是稀世珍品。于是这幅画的主角，如今已年迈的Rose开始沉浸在这段往事之中，浪漫的爱情故事就从这里展开了。

这个箱子能历经近百年海水的侵蚀而不坏,箱子里还如此干燥,以致保存的东西能够完好如初,可见这个箱子的品质是多么好!看到这里,大家是否有疑问,这是哪个牌子的箱子?"泰坦尼克号"是当时欧洲最奢华的邮轮,能登上这艘邮轮的人不是社会名流也是非富即贵。

这一系列的镜头其实就是传达一个信息:能佩戴上"海洋之心"的人,身份必然高贵,而她也在使用这个箱子!此时镜头刚好落在这只箱子的logo——LV上,这就是一则非常成功的植入广告!LV(Louis Vuitton 路易威登)这个品牌通过影片给观众们在不知不觉中留下了深刻的印象。

◇ LV路易威登盈利法

我们都知道,在《泰坦尼克号》上植入广告,需要很大的一笔赞助费,但是羊毛出在羊身上,最终这些费用还是会转嫁到每个消费者的身上,所以一个LV手袋的售价竟然达到3万元。即使如此,也阻挡不了女士们抢购的热情。

几年前我在调研LV的资料时,看到《泰坦尼克号》和LV的这个故事，下面还有网民的留言："这篇文章千万别让我媳妇看到，不然又要买买买了。"可见LV这个品牌的洗脑能力是如此的强大。

一位广州的皮包生产商跟我说："我们工厂生产的皮包质量跟LV一样好，却只能卖500元，但是这么高的性价比也没用，顾客照样愿意花几万甚至几十万的大价钱去买LV。"

为什么？因为他们的盈利模式不一样，广州的皮包厂商走的是产品盈利的模式，而LV走的是品牌盈利的模式。

也就是说，品牌本身是具备盈利能力的，品牌盈利的载体就是品牌的附加值。如果说500元是这个产品的价值，那么剩下的29500元就是LV这个品牌的附加值。

◇ **品牌的关键词：定位**

做产品和做品牌是两个层面的事情，截然不同。**做产品关注的是产品的特性，而做品牌研究的则是人们的心智。**

当我们被身边无数的推销行为和各种各样的广告狂轰滥炸，弄得目不暇接、身心疲惫的时候，如何让我们的品牌在顾客的心目中占据某一个特定的位置就显得十分重要，这就需要"定位"！

在营销界，《定位》一书被称为"营销人的教科书"。所谓"定位"就是抢占消费者的心智空间，为品牌建立一个身份，一个印象，一个认知，然后把这个身份、印象、认知定位到消费者的心里头去，从而迅速占领消费者头脑中的购买清单（心智）。

◇ **经典案例：王老吉的成功定位**

前几年，我和朋友一起吃饭，如果有人推荐吃"川菜"，而你说"川菜太辣、容易上火"时，总会有一个声音冒出来："怕上火，喝王老吉呀。"一句话便让你哭笑不得，可见"王老吉"这个品牌的洗脑功力是多么的强大！

其实，王老吉这个品牌的打造过程也经历过最初的尴尬、早期的瓶颈、中期的辉煌。今天，我就借王老吉这个案例把品牌盈利这个模式给大家剖析透彻。

王老吉凉茶起源于清道光年间（约1830年），创始人的小名叫王阿吉，后来随着年龄渐长，人们便叫他"王老吉"。由于岭南一带湿热，人们容易上火，王老吉就在门前支起一个凉茶铺子，招牌是"王老吉凉茶铺"。

王老吉凉茶在20世纪80年代被广药集团接管，当时还没有品牌的概念，打出的口号也只是"中药凉茶"，因此只能在岭南一带小打小闹，在其他地方根本卖不动。因为人们把它当作中药，认为只有病人才会喝。加上王老吉凉茶的味道略苦，不好入口，因此就算在岭南地区，王老吉凉茶发展得也举步维艰。因为除了王老吉凉茶外，岭南地区还有黄振龙、宝芝林等品牌的凉茶铺，他们售卖的凉茶、凉茶颗粒和自制的凉茶，不论从降火功能上还是在价格上都比王老吉有优势。

面对竞争对手的围攻，王老吉开始走上品牌的启蒙之路，它打出广告语："幸福人家，健康相伴！"对于这个广告语，有一次上课时，我特别问学员，你们知道这是什么产品的广告语吗？大家面面相觑，只有一个同学举手说："周导，我知道，这是油漆的广告。"

我当时一愣，原来这句广告语和"三棵树"牌子的油漆广告语（三棵树下，健康人家）非常接近。这也反映了我们很多老板对于品牌的认知程度：拼命拉一些好词、大词放在广告语里，"环保、健康、绿色……"企图对所有的消费者都有用，而实际上对谁都没用，甚至消费者都不知道你卖的是什么。

虽然后来，王老吉也做了一些改进，但是基本上还是局限在

"凉茶"这个概念上，所以尽管它的广告打得非常凶猛，销量却一直不温不火，年营业额也就在1亿元左右徘徊。后来王老吉找了一家公司重新进行品牌定位，这家公司经过调研发现，王老吉凉茶卖得最火的地方不是大型商超，而是川菜馆、湘菜馆。因为川菜、湘菜以辣为主，吃了容易上火，而凉茶正好可以降火。

于是王老吉凉茶摇身一变，从一款降火的中药凉茶变成一款预防上火的饮料。广告语也呼之欲出：怕上火，喝王老吉！这个定位把王老吉的消费群体从"上火"的人群扩张到"怕上火、预防上火"的人群。

因为在中国这片大地上，人们太容易"上火"了：吃辣椒上火、失眠上火、熬夜看足球上火、喝酒抽烟上火、孩子成绩不好上火、跟老婆吵架上火……总而言之，让人们上火的隐患太多了。王老吉简直就是霸占了"怕上火"这个语境。

这句广告语连三岁小孩都能朗朗上口，可见它已经植入了消费者的心智模式：怕上火=王老吉。

同时，王老吉将主打的渠道放在了餐饮门店，在店里的海报上、冰柜上、收银台上，甚至牙签筒上都赫然覆盖着王老吉的标识：大红的底色，下面是熊熊烈火，上面是红罐王老吉，然后配上七个大字"怕上火,喝王老吉"。还有那些为你点菜、送菜的服务员同样穿着大红色的"王老吉马甲"在你面前晃来晃去,在潜移默化中给你输入:怕上火,喝王老吉。

另外,当你和朋友一起吃饭,你刚说一句"最近上火",朋友一定会在0.01秒回应"喝王老吉呀"。他这句话脱口而出,丝毫不经过大脑。大家注意,这里"不经过大脑"不是贬义词,而是一种本能的、条件反射似的行为模式。

凭借这句精准的广告语和一系列的营销策略,王老吉的年销售额在短短的几年里从1亿元跃升为150亿元,稳坐凉茶界第一的位置。2010年,也就是王老吉和加多宝争斗最凶的那一年,两大品牌的销售总额还一度达到300亿元。(编者按:为了便于叙述王老吉的品牌成长历程,这里将加多宝和王老吉都统称为王老吉。)

每瓶王老吉凉茶的零售价比其他同样体积的罐装饮料贵1块钱,可不要小看这1块钱,就因为多了这1块钱,王老吉才有能力给汶川地震捐款1亿元;才有能力在央视投放广告;才有能力给渠道商多分5毛钱;才有能力让渠道商先货后款。这1块钱就是品牌附加值的价值。我们前文说过,品牌附加值本身就具备盈利能力。

一向擅长品牌公关的王老吉（加多宝），在经历了"汶川地震捐款""打官司"等公关活动后，又把目光转而瞄准了娱乐新秀节目"中国好声音"。它于2012年取得"中国好声音"的独家赞助权，从此伴随着每期"中国好声音"的选手PK赛，"正宗好声音，正宗好凉茶"的广告语又一次走进亿万电视观众的心中，"好声音"马上和"好凉茶"又画上了"="，这让观众误以为那些选手嗓子那么好，声音那么动听，是喝凉茶喝出来的。这一年，王老吉（加多宝）的销售额竟然达到了200亿元。

◇ **走出品牌的误区：区分原材料、产品、牌子、品牌**

在营销上，很多老板分不清原材料和产品、产品和牌子、牌子与品牌之间的区别。

比如，曾经有一个老板拿着一块玛卡找我们，说这个产品很好，希望我们能帮他策划这个项目。

我问他："你的产品叫什么名字？"

"玛卡。"

"是什么牌子呢？"

"玛卡。"

接下来"是什么品牌"就不用问了。因为他压根也没有,只有一块原材料。

我们借"王老吉凉茶"区分这几个概念。

王老吉凉茶的主要成分是夏枯草。夏枯草本身具有降火的功能,经过加工,加入糖和水制成了王老吉凉茶。按照上面这位老板的思路,原材料叫夏枯草,产品也叫夏枯草,牌子也叫夏枯草,品牌还叫夏枯草。你想想,这能卖得出去吗?夏枯草的售价4块钱一把,消费者不会自己去熬吗?需要花4块钱去买一罐含量微乎其微的夏枯草?

我们来看看王老吉是怎么玩的?

原材料:夏枯草。

产品:凉茶。

牌子:王老吉。

品牌:怕上火。

没有"怕上火"这几个字，王老吉凉茶就和妈妈熬的凉茶没什么区别；没有"怕上火"这几个字，王老吉凉茶就和夏天在街边捐献的"免费喝个饱"的凉茶没什么区别。

经常有媒体报道说，广药集团和加多宝在争夺"王老吉"这个商标，其实这是一种错误的说法。他们争的不是商标，争的是消费者的心智空间，就是消费者心目中对于"上火"的恐惧。不信？如果把广告语改成"怕上火，喝加多宝"。你看，同样能卖200亿元。

◇ **品牌属于消费者**

我经常对我们策划的项目方说："品牌不属于商家，品牌属于消费者。品牌存在于消费者的心智模式中。"

消费者并不在意你是什么产品、什么牌子，他只要解决他的核心问题。所以，人们想解决的这些问题就是品牌的核心诉求点，人们愿意为能解决问题的品牌诉求多花钱，这就是品牌的附加价值。

比如，消费者愿意为"高贵"这件事多花29500元；愿意为"怕上火"这件事多花1块钱；也愿意为"补脑"这件事再多花1

块钱。

关于补脑的问题，专家研究发现，真正要达到补脑的效果，每天吃6个核桃是不够的，要吃20斤核桃才稍微有点效果，而且每天都要吃。那么500毫升的核桃奶中又会有多少核桃的含量呢？可是这并不妨碍"六个核桃"的疯狂销量，"六个核桃"不仅比同量级的饮料贵1块钱，而且每逢中考、高考前夕，还会成为家长的指定饮品，被家长们纷纷抢购。这就是品牌附加值的盈利能力。

◇ **品牌思维的关注点**

这里，透露一个真相：品牌和产品真没啥关系。如果有一天，你喝"红牛"后，还是忍不住打盹了；喝"王老吉"后还是上火了。你千万别去较真，去找品牌商的麻烦。借用一句当下流行的网络语：认真，你就输了。

30000元的LV手袋和500元的广州皮包有何区别？500元的耐克运动鞋和晋江工厂里出厂价80元的运动鞋又有何区别？从产品层面讲，真没啥区别。但是从品牌的附加值这个层面来看，相差十万八千里。

同时，我也苦口婆心地奉劝一句：做工厂的兄弟们，千万别看着做品牌的眼热，企图一手抓生产，一手抓品牌，两手抓，两手都要硬。其实，做品牌和做生产压根就是两码事，根本不是一套VI、一则广告的差距。

生产围绕的工作重心是产品，研究材料、工艺和成本；而品牌的工作重心是消费者的心智，研究痛点、痒点、兴奋点。产品思维的老板天天找产品的卖点，品牌思维的老板天天在琢磨消费者的痛点。大家生来的基因不同，一只脚不能同时踏入两条河，一颗心不能同时思考两个领域的事。

◇ **如何构建品牌附加值**

既然品牌具备盈利能力，那么该如何构建品牌的附加值呢？我们知道，品牌不属于商家，品牌属于消费者，品牌存在于消费者的心智模式中，因此，品牌诉求必须能满足消费者的需求。

我总结了一下，品牌诉求主要包括三方面的诉求。

一、功能诉求

功能诉求一般适用于大众消费品，强调产品具有的独特功能。

比如：

"怕上火，喝王老吉"：强调预防上火的功能。

"经常用脑，多喝六个核桃"：强调补脑的功能。

"头屑去无踪，秀发更出众"：强调去屑的功能。

"排毒养颜胶囊，排出毒素，一身轻松"：强调排毒养颜的独特功效。

"妇炎洁，洗洗更健康"：强调对女性隐私部位的护理功能。

二、情感诉求

情感诉求一般是把品牌与人类的情感（爱情、亲情、友情）联系起来，占据消费者的心智。

比如：

"钻石恒久远，一颗永流传"：就是把钻石与爱情联系起来，消费者买的不是钻石，而是恒久的爱情。

"有家、有爱、有欧派"：把橱柜与温馨的家庭亲情联系起来。

"喝杯清酒，交个朋友"：把清酒与交友联系了起来。

三、精神诉求

品牌诉求进入到消费者的精神层面，将消费者心中本身就具备的精神或渴望的精神联系起来，比如，每个人都渴望具有奋斗精神、独立个性、广阔胸怀……这类型的品牌诉求多出现在运动品牌和烟草品牌。

比如：

耐克：Just do it。

李宁：一切皆有可能。

美特斯邦威：不走寻常路。

◇ **品牌附加值从哪里来**

全聚德的创始人是杨全仁。清朝末年，他初到北京，在前门外的肉市街做鸡鸭的贩卖生意。杨全仁对贩鸭之道揣摩得精细明白，生意越做越红火。他平日省吃俭用，积攒的钱就如滚雪球般越滚越多。

杨全仁每天去肉市摆摊时，都要经过一间名叫"德聚全"的干果铺。这间铺子的招牌虽然显眼，但是生意却江河日下。到了同治三年（1864年），这间铺子的生意一蹶不振，濒临倒闭。精明的杨全仁抓住这个机会，拿出他多年的积蓄，买下了"德聚全"的店铺。

有了自己的铺子，该起个什么字号呢？于是杨全仁请来一位风水先生商议。这位风水先生围着店铺转了两圈，突然站定，捻着胡子说："哎呀，这真是一块风水宝地啊！你看，这店铺两侧的两条小胡同，就像两根轿杆儿，将来如果这里盖起一座楼房，便如同一顶八抬大轿啊，前程不可限量！"

接着风水先生眼珠一转，又说："不过，以前这间店铺甚为倒运，晦气难除。除非将其'德聚全'的旧字号倒过来，改称'全聚德'，方可冲其霉运，踏上坦途。"风水先生的一番话，说得杨全仁眉开眼笑。

"全聚德"这个名称正合杨全仁的心意：第一，他的名字中有一个"全"字；第二，"聚德"就是聚拢德行，可以标榜自己做买卖的态度。于是，他把店名定为"全聚德"，接着他又请来一位对书法颇有造诣的秀才钱子龙，书写了"全聚德"三个大字，制成金字匾挂在门楣之上。"全聚德"三字写得苍劲有力，浑厚醒目，为小店增色不少。

在杨全仁的精心经营下，全聚德的生意蒸蒸日上。杨全仁精明能干，他深知要想生意兴隆，就得靠好厨师、好堂头、好掌柜。他时常到各类烤鸭铺子里去转悠，探查烤鸭的秘密，寻访烤鸭的高手。

当他得知专为宫廷做御膳"挂炉烤鸭"的金华馆内有一位姓孙的老师傅，其烤鸭技术十分高超，就千方百计与其交朋友，经常一起饮酒下棋，相互间的关系越来越密切。孙老师傅最终被杨全仁说动，在重金礼聘下来到了全聚德。

全聚德聘请了孙老师傅，等于掌握了清宫"挂炉烤鸭"的全部技术。孙老师傅把原来的烤炉改为炉身高大、炉膛深广、一炉可烤十几只鸭的挂炉，还可以一面烤、一面向里面续鸭。经他烤出来的鸭子外形美观，丰盈饱满，颜色鲜艳，色呈枣红，皮脆肉嫩，鲜美酥香，肥而不腻，瘦而不柴，为全聚德烤鸭赢得了"京师美馔，莫妙于鸭"的美誉。

全聚德能够成为有名的大饭馆，首要原因是选料实在，厨工手艺精、操作认真；店铺伙计招待热情。烤鸭是全聚德的主要经营菜式，从选鸭、填喂、宰杀，到烧烤，都是一丝不苟的。在中国餐饮业500强中，全聚德排名为中式正餐之首，有"到北京，不到万里长城非好汉，不吃全聚德烤鸭真遗憾"的美誉。

全聚德的起始店在北京前门，其后在和平门、王府井以及亚运村等地陆续开设连锁店，如今在上海浦东和淮海路也设有分店。全聚德的年营业额超过7亿元，每年销售的烤鸭达300余万只，接待的宾客达500多万人次，资产总量达到6亿人民币，无形资产有7亿多元。

全聚德跨越了三个世纪，经历了晚清衰亡、民国建立、北洋军阀统治、全民族抗战、新民主主义革命几个重大历史时期。中华人民共和国成立后，全聚德得到周恩来总理的亲自批示表扬，尼克松访华时还专程到全聚德品尝烤鸭，全聚德成了国际友人来华必去的地方之一。这些悠久的历史故事构成了全聚德烤鸭强大的品牌附加值。

正是因为这些历史故事的支撑，全聚德的收费也毫不谦虚：一只烤鸭198元，一屉饼10元，一份酱2元，大堂加收10%的服务费，包间加收15%的服务费……这个定价高出全国烤鸭均价的3～4倍。

人们对于传说故事有着天然的好奇，对历史故事更有不容置疑的信服，对名人领袖有着天生的崇拜。其实，每个家族倒推十代，必与历史名人有联系。而这个联系，我认为，就是你的品牌历史的发力点。

一位卖草鞋的老兄（注：刘备），把家谱往前倒推一下，就成了中山靖王之后，排起辈分还是大汉天子的叔叔。他凭此建立了"品牌附加值"，建立起蜀汉政权，与曹操、孙权三分天下。

那么，如果祖上连阔气一点的亲戚都没有，该怎么办呢？请参考下面这位：

一个村子的"治保主任"（注：刘邦），他喝醉酒讲起故事也是不打草稿的：我母亲受孕于天，我出生的时候风雨交加，雷电大作，五条金龙为我出生护驾。我造反的时候，一条白蛇挡路，被我一剑砍了，旁边有个老婆婆在哭诉："青帝子杀了白帝子啊，本来都是龙的儿子，为什么要自相残杀呢？"

如果你还不信，他就会把鞋脱下来给你看：我生下来脚底就有七颗星星（黑痣），这叫脚踏七星。总之，他所讲的故事都是为了神化自己，以渲染他受命于天的正当性。

其实草稿已经打好了，他喝酒的时候只是在脱稿演说而已，用这些故事反复佐证：我就是天之子，跟我干，你懂的。他因此建立了品牌附加值，聚拢了一帮人才，成就了大汉江山四百年。

在人人都是自媒体，品牌人格化的今天，老板您自己的故事呢？

第三章
Chapter 3

盈利模式三

Corporate Profit Model Ⅲ

模式盈利

Profit from the Model

↓

　　模式盈利：把看得见的钱分掉，赚背后看不见的钱。
　　表现方式：先通过不赚钱或赚钱很少的硬件圈住大量用户，
　　　　　　再通过提供收费软件、增值服务、配件等其他方
　　　　　　式来变现。
　　实现手段：开放式的盈利模式；
　　　　　　垂直式的盈利模式；
　　　　　　组合式的盈利模式。

模式盈利又称为"隐性盈利"，通俗地说，就是把"看得见"的钱分掉，赚背后"看不见"的钱。

◇ **最具代表性企业：小米**

一年前，我家想买电视机，于是我做了一个调研。调研结果：同等品质的电视机，如果是进口的，要七八千元；如果是国产的，要五六千元。买哪种好呢？

这时，有人向我推荐"小米"电视。当时，我正好要研究小米这家公司，而研究一个企业最好的方式，就是购买他们的产品，因为企业顶级的战略实施最终都会落实到每一个产品的使用上。

我问了小米电视的价格，不贵：3999元。买回来后，我打开电视画面，发现里面有很多电影，于是就选了一部名为《复仇者联盟》的电影观看。刚看了5分钟，画面就暂停了，上面显示：你还不是会员，如果继续观看，请充值。这时我才发现，这哪是一台电视机啊，简直就是一台POS机！而且它还很替用户着想：建议你以包月的形式观看，每月15元，这样比较划算。

接下来，我家的付费从这里才刚刚开始：我付了包月的费用后，夫人觉得我选的电影她不喜欢看，怎么办？于是我又充了15元的包月费。可是，我俩选的电影，孩子也不喜欢看，怎么办？他很聪明，很快就选了一堆自己喜欢的电影，然后跟我说："老爸，扫一扫。"于是，又是15元支付出去了。

这样算下来，我家每个月支付的会员费是45元，12个月就是540元。如果我家用小米电视用上10年，因此会花多少钱？另外，你以为小米电视只是赚会员费吗？非也！它还有网上购物等功能，让你躺在沙发上，看着那么大的屏幕来选产品，这比趴在电脑前、盯着手机去选确实要舒服得多。倘若你一不留神，购买了其中一样产品，你觉得产品的商家要不要给小米提成？

另外一家同样经营电视机的长虹，10年前，我父母买了一台长虹电视机，花了6000元，直到现在还在用，也就是说，长虹当时只赚我一次的钱，我就跟它说拜拜了。而小米电视机，我花了3999元买回来后，它才刚刚开始赚我的钱。如果我不换电视机，它就能赚我一辈子的钱。

可以说，小米由硬件延伸到以软件、服务来盈利，不再依靠硬件来赚取利润，即采用"Free+Premium"的模式：先通过不赚钱或赚钱很少的硬件圈住大量用户，然后通过提供收费软件、增值服务和配件等方式来变现。

小米之所以采取这种模式，原因很明显，电视机这个行业在今天已变成竞争超级激烈的行业，行业利润在巨头推出的一波又一波的低价竞争下，早已所剩无几，小厂商、新品牌更被行业巨头杀得哀鸿遍野。此时，如果小米要在这个市场里闯出一片天地，单靠产品质量来挣钱，它干不过长虹；单靠品牌来挣钱，它干不过三星、索尼……所以小米选择了"隐性盈利"这个盈利模式：把看得见的钱都分掉，赚看不见的钱。

2017年11月7日，小米应用市场发布第三季度报告。报告显示，小米应用市场累计分发量突破1000亿元大关，小米应用市场继续处于健康、高速发展之中。另外，据艾瑞咨询的数据显示，在安卓手机厂商中，小米应用市场的覆盖率稳居榜首，是最受用户青睐的应用下载市场。而前不久，媒体还曝出雷军在去年11月已与投行接触，并设定了2000亿美元的估值。

小米依托成熟的生态体系，一直在抢占移动互联网的新入口，坐拥巨大的用户量和流量入口，不断扩展由第三方开发的其他生态链产品，比如，移动电源、蓝牙音箱、净水器、净化器、插线板等，并通过不断扩张，使其商业模式更清晰、更先进。

由此可见，几乎所有的互联网企业都是靠模式来盈利，大致可以分为三类：

1. 开放式的盈利模式

比如QQ，使用QQ聊天不收费，但当QQ的用户越来越多时，这些用户要不要玩游戏？要不要看视频？要不要听音乐？要不要装扮QQ空间？那怎么办？于是，QQ推出各种特权。

红钻：收费10元/月，让你在网络世界展示自己的独立个性。

黄钻：收费15元/月，是QQ空间的贵族用户。

绿钻：收费10元/月，是为热爱音乐的用户量身定制的在线音乐增值服务。

粉钻：收费10元/月，让你享受QQ宠物的特权及专有服务。

黑钻：收费20Q币/月，让你在游戏中与众不同。

紫钻：收费20元/月，是QQ炫舞、QQ飞车、QQ堂和QQ音速中尊贵玩家身份的象征。

蓝钻：收费10元/月，是腾讯对游戏VIP高级用户推出的一项服务。

QQ社交聊天软件本身不挣钱，而是通过售卖各种会员的特权来挣钱。其中最赚钱的业务就是游戏，而且还延伸出一系列的收费业务；QQ音乐里面，一般的音乐也不收费，但是用户要想听点击量高的音乐就要付费了；腾讯视频里面，观众可以免费观看一般的电影、视频，但如果想看最新的电影，也得充值加入会员才能观看。

另外，QQ还通过免费聚拢用户，在QQ的各个界面边框向商家出售广告位，这些都说明了腾讯通过隐性盈利模式来赚取看不见的钱。

腾讯通过QQ聚拢人气，然后把人流量引流至各处，并与各个商家分享，最后赚取"过路费"。这也是大部分互联网公司的盈利方式，只不过腾讯的作风更为开放。

2. 垂直式的盈利模式

互联网中，还有一种垂直式的盈利模式，就是通过在某个细分垂直的领域里面做到极致，然后聚拢起用户，赚背后看不到的钱。

比如"大姨妈"这个软件，只花了两年半的时间，就积累了1亿的下载量。它有5000万的注册用户，其中3000万是活跃用户。

快速发展的"大姨妈"因此获得了资金的青睐。创始人柴可表示，"大姨妈"累计融资已达4500万美元，估值约2亿美元。

2013年，"大姨妈"完成了两轮融资，包括贝塔斯曼和真格基金500万美元的A轮融资,以及由红杉资本领投,贝塔斯曼和真格基金跟投的1000万美元的B轮融资。2014年6月,"大姨妈"宣布完成C轮融资,融资金额为3000万美元,由策源创投领投,红杉资本和贝塔斯曼跟投。

在可穿戴的设备方面:2013年9月,"大姨妈"联合智能健康数字公司PICOOC推出了一款智能健康体重秤Latin;2014年3月,大姨妈与睿仁医疗合作,发布国内首款智能女性基础体温贴Raiing,并互通数据平台;2014年4月,"大姨妈"与三星实现排他合作,把"大姨妈"这个软件内置于智能手表Gear 2,用户随时可以在手表上查看和管理经期健康档案。

此外,"大姨妈"的触角还延伸到了电子商务领域:今年6月18日,"大姨妈"与1号店合作,进行促销活动,实现流量变现;"大姨妈"与大新伙伴合作,推出智能防晒小助手,并在京东发起众筹。而且,"大姨妈"还与宝洁护舒宝、拜耳医药、金伯利等日化用品达成合作关系,帮助商家进行数据调研等。

3. 组合式的盈利模式

组合式的盈利模式兼具以上两种特性,即通过细分垂直的领域聚拢顾客,同时又把这些顾客导入到其他各个领域,实现跨行业盈利,这类模式中最具代表性的例子就是京东商城。

京东首先把家电和数码产品搬到电商网站上销售,通过物美价廉的产品和快捷的物流配送服务,赢得了用户的广泛好评,迅速聚拢起一大批用户。其后,京东开始将触角从3C延伸至其他领域,如图书、服饰、百货……

2008年,京东实现销售额13亿元,一举超越卓越亚马逊、当当网,成为中国最大的自主性B2C网站。2010年,京东向全品类电商平台转型,涉足图书、百货、服饰、美妆、生鲜等多个领域,并多次挑起价格战。而作为起家的3C品类,一直在京东商城里占据着重要的份额。

所以,在"智客会·投融联邦"的内训上,我一直强调:京东的模式是最值得大家参考的。为什么?因为大部分的老板在传统行业里耕耘多年,让他放弃这个行业,他一下子接受不了,而且经过这么多年的耕耘,这些老板已经在本行业里积累了相当多的经验、人脉,那怎么办呢?

可以参考京东的模式,在本行业里发生的业务不挣钱,然后聚拢一大批垂直的用户,接着跟其他行业合作,把这些垂直的用户引流到各行各业,实现跨行业的盈利。

第四章
Chapter 4

盈利模式四

Corporate Profit Model IV

系统盈利

Profit from the System

↓

系统盈利：通过资源整合，实现盈利。

表现方式：产业化系统、多元化系统、产智融联合系统。

实现手段：立足自己的核心竞争力，通过利他的服务手段进行资源整合，实现系统盈利。同时，可容纳多种模式并行，使系统本身也具备盈利能力。

系统盈利，我们通常又称为"整合盈利"，顾名思义就是通过资源整合，实现盈利。通俗地说，就是"把需要花钱的事让别人去做，但是让钱进入我的口袋"。

◇ **最具代表性的例子：汉庭酒店**

了解一家企业的商业模式，首先要了解这家企业的老板，特别是他的个人经历。汉庭的创始人季琦,在创办汉庭之前还创办过两家企业,并且都已成功上市,一家是携程,另一家是如家。

携程是一家帮助用户订机票、火车票和酒店的线上公司,通过优质快捷的服务聚拢了一大批用户,早在2003年便已成功在美国纳斯达克上市。

如家则是快捷连锁酒店,在全国各地的大中小城市都遍布着它们的酒店。如家集团也于2006年在美国纳斯达克成功上市。

当时,如家集团成功上市的故事激励了很多老板,吸引了一大批的快捷酒店争先恐后地涌现出来:七天、锦江之星、速8……正如我们前面所述的行业成长周期一样,当所有人都涌到这个行业,这个行业就面临着一个问题:一大批经营能力稍弱的公司,其生存空间难以为继。

季琦看到大量的酒店都面临着两大痛点:一是酒店管理跟不上;二是没有客流量。这不正适合汉庭的出现吗?首先,季琦的团队创办过如家,拥有很专业的酒店管理能力和酒店管理系统;其次,携程拥有庞大的会员数量,足可以为这些酒店解决客流量的问题。

于是,季琦派出业务员找到了酒店的老板。

"老板，最近酒店的生意怎么样？"

"不太好！"

"我们的携程网在全国拥有上千万的会员，如果我们合作，我们就把会员引流到你的酒店，只要他们一来到这个城市，携程网就会自动向他们推荐你的酒店。你觉得怎么样？"

"那太好啦！我们怎么合作？"

"别着急，还有，我们的管理团队是创办如家集团的专业团队，成功把如家集团推到美国上市。今天如果我们合作，我们就让他们来帮你管理酒店，你从此都不用操心酒店里面那些杂七杂八的事，到时候直接分钱。你觉得好吗？"

"那实在太好了！我愿意！"

汉庭就用这种方法在全国210个城市整合了1400多家酒店。经常住汉庭的朋友们会发现：汉庭在每个地方的酒店，装修的风格都不一样。这是因为那些酒店本来就是别人的，汉庭只不过是通过一套系统把它们整合过来而已。

你想想，全国1400家酒店，即使每家酒店的投资额只是500

万元，那得出多少钱？起码需要70亿元。可是，汉庭没花一分钱，就拥有了这些酒店的经营管理权。这就是系统的威力。

我还听过这样一件事：

有一年，所有的航空公司的老总聚在一起开会，因为据说这一年所有的航空公司都亏损。其中，有一个航空公司的老总脾气特别大，在会场上当时就骂了："我们这些航空公司，花这么多钱建机场、买飞机，没想到最后都是在为携程这家公司打工！"你看，这就是系统的威力。

系统本身就具备盈利能力，所谓的机票、酒店等服务只不过是盈利的道具而已。所以，通俗地说，**系统盈利就是：把需要花钱的事让别人去做，但是让钱进入我的口袋。**

最近这几年，实体生意不好做，也导致了几个词语变得很火：抱团取暖、资源整合。然后我们就经常看到以下一些画面：几个老板听完某个课程后，决定要整合一下资源，于是他们谈了三个月，龙井茶也喝了50斤，资源整合却没谈出个模样来。

很多人说，这是因为他们缺乏格局。但是我认为，这其实是缺乏系统，缺乏融合社会资源的系统。他们的谈话大都还停留在"你帮我卖点货，我给你点提成"的阶段。

系统的出发点是：你拥有什么核心竞争力能为别人服务？服务的核心就是"利他"，也就是我常常说的四个字：成人达己。

系统拥有强大的融合能力和创新能力，更多的是体现出商业的智慧，这是无形的资产。比如，当你已经投资下去的酒店、机场缺乏客流量，我能够帮你带来客流量的同时，也顺便赚点服务费。所以，我在2015年初为"智客会·投融联邦"写下了四句话：

智慧胜过于有形资产；融合胜过于自我创造；联邦胜过于独自拥有；创新胜过于内部提升。

中国的经济从改革开放到今天，已经40年。在这40年里，该投入的基础建设都已经逐步健全起来：有足够多的机场、酒店、门店、经营性的人才……就像我们在行业周期中分析的一样，整个供给已经呈现出严重的过剩。

这时候，我们就需要一套融合的创新机制把这些资源充分利用起来，帮助别人做好生意的同时，也顺便为自己赚取服务费。

所以，美团根本不用自己在大街上开餐厅、开门店，只需要把线上的用户流量分享给线下的门店，帮助这些门店降低促销的成本、提升营业额的同时，美团也赚取到了更多的用户流量和服务费。

很多人把系统简单地理解为"工具性的流程"，把系统置于模式之下。其实不然，我们这里所谈到的系统是模式的总和，系统高于模式，系统里可以容纳多种模式并行。

比如，在阿里巴巴的系统中，最早的是B2B模式，淘宝是C2C模式，天猫是B2C模式，聚划算是F2C模式。它们都是不同的模式，但都能在阿里巴巴的系统中并行。

而我们前面提到的汉庭，它的系统内部也是有多种模式。比如，汉庭推出一个高端的酒店叫全季酒店；再降一个档次就有了海友酒店；再换一个风格就有了漫心、禧玥、星程，在这些酒店的品牌之上还有一个华住集团。所以，我们把汉庭这种基于酒店产业的系统称为"产业化系统"。

系统的三种呈现形式：产业化系统、多元化系统、产智融联合系统。

◇ 一、产业化系统

前段时间，万达集团老板王健林叫板了一家企业，叫迪士尼。王健林声称，要让上海的迪士尼乐园20年不盈利。其实，就算迪士尼20年不盈利，对迪士尼公司来说又有什么关系呢？迪士尼打造的是一个娱乐文化产业的系统。

翻开迪士尼的年报，你会看到这家公司的业务有五大板块，分别是：媒体网络（Media Networks）、主题乐园（Park and Resorts）、影视娱乐（Studio Entertainment）、周边产品（Consumer Products）、互动交互（Interactive）。

1. 媒体网络

媒体网络的商业模式很简单，就是通过用户付费来赚取内容服务费。迪士尼的媒体网络主要有两大频道：以体育内容为核心的ESPN和以儿童娱乐为核心的迪士尼频道Disney Channel，另外它还有一些ABC下面的附属频道，包括History、Lifetime这些垂直的频道。

我们看到在全美，ESPN和Disney Channel的用户量差不多都在9500万至9700万。在全球，ESPN有1.15亿注册用户，而Disney Channel的用户量更高达1.85亿。

这里需要说明的是，Disney Channel不是一个频道，旗下拥有超过100个频道，34种不同的语音，在全球164个国家和地区播放。这些都是需要付费的有线电视，而迪士尼旗下还有大名鼎鼎的ABC电视台，播放普通电视节目。

2. 主题乐园

迪士尼的主题乐园包括在全球的迪士尼乐园，以及在奥兰多大本营的各类酒店、休闲场所。其中，迪士尼拥有巴黎迪士尼乐园51%的所有权，拥有香港迪士尼乐园48%的所有权，拥有上海迪士尼43%的所有权。而且在投资过程中，迪士尼品牌的无形资产使迪士尼公司投入的现金微乎其微。

3. 影视娱乐

迪士尼在影视娱乐方面的收入主要来源于电影票房，电影在电视台和家庭影院的分成，以及音乐会、演唱会的收入。旗下的内容生产商包括Disney Pictures、Pixar、Marvel、Touchstone和Lucasfilm。2009年8月，迪士尼还和梦工厂签订了七年协议，通过Touchstone发行其电影。

4. 周边产品

在周边产品方面的收入主要来源于几大块：迪士尼电影、电视中的人物肖像权，儿童读物，迪士尼门店的商品销售，迪士尼网站的销售以及迪士尼英语中心的收入。

5. 互动交互

主要来自迪士尼的游戏和通过其知识产权运营的游戏。

迪士尼财务数据分析：

我们看看迪士尼2015年报的数据：公司2015年总收入524亿美元，同比增长7%。其中，来自ESPN和Disney Channel的媒体网络业务贡献了232亿美元，占比44%；迪士尼主题乐园贡献了161亿美元，占比30%。很明显，这两项业务才是迪士尼最核心的收入来源。

收入（百万美元）	2015年	2014年	同比增长
媒体网络	23264	21152	10%
主题乐园	16162	15099	7%
影视娱乐	7366	7278	1%
周边产品	4499	3985	13%
互动交互	1174	1299	-10%
总收入	52465	48813	7%

我们再细化一下，看它的经营收入（Operating Income）。迪

士尼2015年的总经营收入为35亿美元，同比增长27%，其中媒体网络业务贡献了18亿美元，占比超过50%，几乎带动了整个经营收入的增长。而媒体网络中，85%的收入来自ESPN和Disney Channel为代表的有线电视，其余的15%来自ABC这个全国广播电视。

经营收入（百万美元）	2015年	2014年	同比增长
媒体网络	1819	1427	27%
主题乐园	738	687	7%
影视娱乐	530	254	109%
周边产品	416	379	10%
互动交互	31	18	72%
总收入	3534	2775	27%

所以，迪士尼虽然给我们的第一印象是米老鼠和唐老鸭，以及每年精致的动画电影和童话般的迪士尼乐园。然而，当我们深入分析迪士尼的财报后，我们就会看到，迪士尼其实就是一个靠媒体网络获得收入的公司。

那么，迪士尼的商业模式到底是什么？

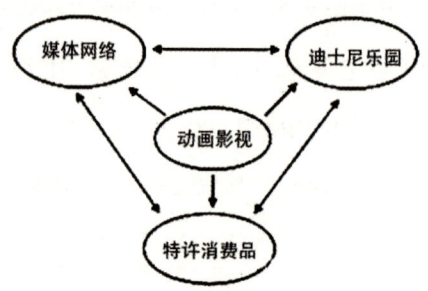

迪士尼的核心：IP的制造和输出

迪士尼这个伟大的公司是从米老鼠和唐老鸭开始的，它通过持续的"造血功能"和并购，不断地生产出现象级的IP。比如，曾成为全球动画史票房冠军的《冰雪奇缘》，最近几年的Marvel漫画人物和电影，以及Pixar的动漫人物。

由于公司的产业链丰富，使得其IP的变现能力，可持续性非常高。迪士尼不仅能生产出一部部口碑极佳的电影，更能凭借大量的周边产品、主题乐园，以及Disney Channel的内容输出来变现。

无论哪一个伟大的卡通人物，都是有其生命周期的，但是迪士尼却能够逐渐完善自己的造血功能，不受任何一个IP生命周期的陨落的影响。

所以，从收入的角度看，我们主观印象比较强的影视娱乐方面，其实在迪士尼的收入占比并不高，这部分所担负的功能主要是流量的入口。这些优质的IP不断地给迪士尼带来新的观众、粉丝，然后通过线上的Disney Channel，以及线下的迪士尼乐园来变现。

所以，我们不能单独来衡量单个IP给公司带来的收入贡献，而是应该将其放在整个商业模式里面看。比如，迪士尼的电影，我们不能简单去思考这部电影赚了钱，还是亏了钱，因为迪士尼很有可能是电影不赚钱，但是通过周边产品、电视频道的收费，甚至在主题乐园的门票和授权费中，获得第二波、第三波的收益。

过去十年，迪士尼花费了150亿美元收购了Pixar、Marvel和Lucasfilm等超级IP。特别是收购Marvel旗下的IP，为公司过去几年出品的电影、娱乐产品带来了巨大的收益，同时，也帮助迪士尼优化了其IP的结构。

2014年，全球票房最高的五部电影中，有两部就是Marvel制作的，而且Marvel还有大量的电影续集、各种串烧等，使其IP的商业价值发挥到最大化。

现在，迪士尼的IP不再仅仅针对小孩，还有大量年轻人，甚至中年人喜欢的IP。可以说，迪士尼的商业模式就是通过制造IP来获取流量，然后通过线上的内容、线下的主题乐园，以及周边产品来完成变现！这是一种早期的"O2O"的商业模式。

◇ 二、产智融联合系统

1. 产业领域

如果完全解构阿里巴巴的产业布局图，估计一面墙都放不下，这里简单列出几个大家熟知的领域，帮助大家了解阿里巴巴系统盈利的强大之处。

首先，阿里巴巴在电商领域里有：阿里巴巴（B2B）、淘宝、天猫、聚划算。阿里巴巴内还有：阿里巴巴168，阿里妈妈。淘宝里有：海淘、淘票票、闲鱼等。随着用户量逐渐增大，淘宝也从单一的C2C网络集市变成了含有C2C、团购、分销、拍卖等多种电子商业模式在内的综合性零售商圈。

在天猫里，有天猫国际、天猫超市、喵鲜生、天猫直播等；而聚划算也开通了城市团购、聚定制、品牌团、整点聚、聚名品等。

为了提供更好的物流配送服务，在阿里巴巴之外还建立了菜鸟物流体系。接着，为了提高整个电商的互联网效率，阿里巴巴还在电商领域之后打造了阿里云。

2. 智慧领域三所大学

淘宝大学：这是阿里巴巴最初为了让所有的卖家都能利用电子商务做生意而成立的。

阿里学院：针对内部员工，导入阿里巴巴企业文化和培养员工。

湖畔大学：统一外部合伙人和优秀创业者的价值观和理念，我把它称为马云的后宫，让马云能在众多的创业者中筛选出价值观一致的人和未来高成长的项目。

3. 音乐影视、媒体足球

音乐影视：

为了获取更多的用户，阿里巴巴还打造了阿里影业和阿里音乐。阿里影业集团聘请了高晓松做董事长，宋柯任CEO。

媒体足球：

在媒体领域，阿里巴巴收购了合一资讯（优酷、土豆）和新浪微博，并全资收购了UC移动。在传统媒体领域里面，阿里巴巴还收购了《南华早报》；而在体育领域，还和许家印一起投资了恒大足球。

4. 金融领域

为了让电商业务运作得更好，马云早在2004年便成立了支付宝。之后，更衍生出一系列的"宝宝"：余额宝、招财宝、蚂蚁聚宝。

其后，为了让电商创业者们的现金流变得更轻松，开创了网上银行、蚂蚁小贷；接着，为了让买家们尽情购物而不用担心"剁手"，开创了花呗、借呗、芝麻信用等多个业务。

第五章
Chapter 5

盈利模式五

Corporate Profit Model V

资源盈利

Profit from the Resources

↓

资源盈利：依靠把持某一类的资源，获取盈利。

表现方式：把持上游核心资源；

把持下游终端资源；

把持规模优势；

依靠专利技术把持；

依靠特殊身份把持。

实现手段：民企能否获取把持地位的关键就是看其融资的能力。

资源盈利，即把持某一类的资源，获取盈利。

资源盈利是建立在对某项政策资源或自然资源把持的基础上，所形成的业务模式。当企业通过某种方式获得这些资源，形成对资源的独占优势后，业务模式也就自然而然地建立起来了。

◇ 东阿阿胶：把持上游核心资源

电视剧《大宅门》中有这样一个情节：白景琦在山东的阿胶作坊，因为战乱缺乏足够的驴而无法开工，濒临倒闭。后来，共产党雪中送炭给他带来了几百头驴，化解了一场倒闭危机。

我们知道，熬制阿胶需要驴皮，但目前全国80%的养驴基地都被东阿阿胶集团牢牢地控制着。这背后的含义是什么呢？也就是，同行如果想跟它们竞争，对不起，驴都没有！所以，全国阿胶的价格可以说是由东阿阿胶决定的。

◇ 百丽：把持下游终端资源

百丽刚上市的时候，股价很高，大家的心里都在纳闷：一家卖鞋的公司，凭什么股价会这么高？

当你到超市去逛女鞋专区，看到百丽的鞋子摆在上面时，你不喜欢，那没关系，天美意、真美诗，也是百丽的，你说这些都太老气了，你喜欢妙丽、她他，对不起，这些还是百丽的。

如果你说，这些我都不喜欢，那么思加图、百思图、森达、美丽宝、伐拓、拔佳……这些还是百丽的；如果你喜欢洋气点的鞋子，卡特CAT、仕品高，它们同样是百丽的；如果你喜欢运动范的，阿迪、耐克、彪马、卡帕、匡威……它们还是百丽代理的。反正就一条，你只要是在商场买鞋，就跑不出百丽的手掌心！

那么，百丽为什么能够掌握这么多的资源？它的本质究竟是做什么的？如果你没看懂这个核心，你就只能被它的表象所迷惑，根本不知道它到底凭什么可以掌握这么多的资源。

其实，准确来说，百丽不是卖鞋的，是做"房地产"的。怎么做？百丽以"渠道带动品牌"为理念，在商场、百货店内，以Belle为中心开设不同品牌的"店中店"。这样，消费者在Belle没有看到喜欢的鞋子，不要紧，店旁还有百丽集团的其他品牌店。

正是凭借强有力的终端控制，百丽公司的利润是传统卖鞋公司的10倍！它是可以持续发展10年的一个模式，这个终端不仅让同行的后来者没有机会，还让其他行业的后来者也没有机会。

当它有了房地产独特的稀缺性、控制力以后，它就有了定价权，所以它可以获得62%的毛利率，而且它可以10年甚至长期控制这个平台。如果别家的鞋子想进入商场销售,或者同行想跟它竞争,对不起,放鞋的地方都没有!

这一类的企业往往在某一个细分的领域做到了规模上的优势,在终端资源上也十分强大。

◇ 分众传媒:把持规模优势

2006年1月,分众传媒以现金加股票的方式,拿出总计3.25亿美元,收购了即将上市的竞争对手聚众,令业界一片哗然。诸多业内人士纷纷称:分众传媒已经实现了对国内楼宇广告的掌控。

当时,与分众传媒竞争的另一家公司叫聚众传媒,但是因为融资速度跟不上分众传媒,结果在跑马圈地占领楼宇电梯的竞争中败下阵来,被分众传媒收购。

收购了聚众传媒的分众传媒更是实力大增,今年年初的数据显示,分众传媒的商业楼宇联播网已经覆盖全国近75个城市,多达3万多栋楼宇,以及6万多个液晶显示屏。在中国楼宇电视广告市场里占到98%的份额,处于绝对的掌控地位。同行如果想跟分众传媒在电梯广告这个领域竞争,对不起,连放广告的地方都没有。

凭借规模优势取胜，这种方式一般比较适合民营企业，但是同时对民企的融资能力也带来很大的考验。

◇ 科技企业：依靠专利技术把持

近些年来，专利权引发的掌控问题越来越引发大众的广泛关注。作为一种知识产权，专利权具有排除他人非法使用的属性。不过在科技类的企业，尤其在手机领域，不同的硬件厂商或多或少都会掌握一些对整个行业来说必不可少的专利。

同是从事硬件制造的手机厂商，不同的竞争者可以通过专利交叉许可的方式，互相使用对方的专利，这样既能互利，又能互相制约，从而使产业竞争处于良性状态。

不过，一旦出现掌握大量专利权却不从事手机生产的专利"寡头"，其受利益驱使滥用专利权的可能性会大大增加，将在一定程度上影响通信及手机终端等相关产业的发展。

因为专利许可费说到底也是生产成本，将压缩生产厂商的利润，最终其实也会转嫁到消费者的购买成本上。

◇ **融资能力：民企能否获取掌控地位的核心**

最近，大家都在说：自从滴滴和优步合并后，滴滴打车涨价了，而滴滴的司机也在吐槽赚钱没有以前多了。因为滴滴出行和优步两大巨头完成合并之后，几乎把持了中国的线上叫车市场。

神州和易道目前的规模无法和它们抗衡，所以把持市场后的滴滴最近就敢"半夜悄悄涨价"。但是，不可忽略的是滴滴背后拥有"豪华"的投资团队：腾讯、阿里巴巴、苹果公司……有了这些强大的投资机构在背后支撑，滴滴才能完成先收购快滴，再收购优步这样的壮举，一举在网约车领域占据近乎把持的地位。

◇ **国企：依靠特殊的法律地位获得掌控**

由于我国社会主义的性质，需要在关系到国家经济命脉的领域里，成立由国家控股并占领把持地位的企业。比如，工农建交四大银行、中移动、中石油、中海油、中国电网等。

第六章
Chapter 6

盈利模式六

Corporate Profit Model VI

收租盈利

Profit from Rent

↓

收租盈利：又称作"专利盈利"，是一种以专利为载体，获取盈利的方式。

表现方式：通过专利研发（技术型专利、实用型专利、外观型专利），或者通过转让、许可、质押、技术入股等方式取得。

实现手段：通过生产、销售专利产品变现；

通过专利入股获利；

通过专利确保企业稳定发展；

通过专利享受国家补助；

通过专利提升无形资产价值；

通过专利许可给他人使用，获取利益；

通过专利出售或转让，实现变现。

收租盈利又称作"专利盈利"，是一种以专利为载体，获取盈利的方式。

对历史稍有了解的朋友都知道，第一次工业革命是以蒸汽机得到广泛使用作为标志开始的。而蒸汽机是由英国发明家瓦特改良制造的，那么问题来了，瓦特为什么闲着没事干，去改良制造蒸汽机呢？

因为当时英国出台了一项法案，把专利权以法律条文的形式明确下来，因此瓦特拥有了蒸汽机的专利权以后，每生产一台蒸汽机就要给瓦特"专利使用费"，瓦特躺着就可以赚大钱了！

所以，专利能盈利，那是毫无疑问的。通过调研，我们发现，小微企业在迈向收租盈利的路上并不是无迹可循，**申请专利一般可以从三个方面界定：技术型专利、实用型专利、外观型专利。**

但是，如果你没有自己的专利技术，那么如何通过其他途径获取专利呢？常见的方式，包括专利转让、许可、质押、技术入股等。

一、专利许可：出租专利权，专利使用权归他人

专利许可类似于专利权出租，其"租赁"方式有多种。

1.独占许可（类似于整租房子）

专利权许可给被许可方使用后，只能由被许可方独自使用，其他任何人包括专利权人自己也不能使用该专利技术。这就相当于房屋出租后，连房主也不能住一样。

2.排他许可（类似于双方合租房子）

除被许可方和专利权人以外的任何人，不能使用该专利技术。这相当于把房屋出租给一个房客，该房客与房东合租，且约定不能租给第三方一样。

3.交叉许可（类似于换房住）

如果双方都拥有各自的专利权，那么双方可以约定把自己的专利许可给对方使用，一般情况是相互免费的。这就相当于两个房主互相交换房子住一样。

4.普通许可（类似于多人合租）

不仅专利权人自己可以使用该专利技术，同时他还可以将该专利技术许可给多个用户使用。相当于房主把房子租给多个房客，自己也可以与这些房客合住一样。

5.强制许可（类似于政府征房）

如果专利权被政府征用，政府将以一定的价格支付专利许可费用。这相当于政府看中了某个房子，让房主把房子租给政府一样。

案例：

2015年，湖北华烁科技公司将其拥有的5项催化剂专利许可给河北一家化工企业使用，对方支付了5000万元人民币，刷新了武汉技术交易最高金额的纪录。但这不是全部，目前该公司已与另外两家公司签订了专利许可合同，加上与河北公司的合作，这些专利实施许可的合同总金额已达到1.5亿元。这些专利的许可就属于普通许可的范畴。

二、专利转让：一锤子买卖，专利权归他人

专利转让是指专利权人将其专利的所有权移转至受让方，受让方支付约定价款。取得专利权的当事人，即成为新的合法专利权人，原专利权人不再拥有该专利的支配权。简单地说，专利转让即把该项专利由A所有转移成B所有，属于"一锤子买卖"。

案例：

2014年，郑州大学与浙江奥翔药业有限公司签订专利技术转让协议，常俊标教授研发的"一类新药布罗佐喷钠（bzp）"以4500万元的价格转让给奥翔药业。这是典型的专利转让案例，也是常见的"产学研"模式，高校将其研发成果转让给企业，由企业将研发成果转化成产品。

转让后，该专利权属奥翔药业所有，奥翔药业可以对该专利技术进行生产、销售，也可以将该专利再转让给他人，或是许可他人使用。总之，一切权利归受让方所有。

三、专利质押：专利权、专利使用权均归专利权人

专利质押与专利转让、专利许可最大的区别在于：其专利权

和专利使用权均保留在专利权人的手中，仅仅在出现事故时，质权人有权支配专利权，即可以通过许可、转让、实施等方式获利。现有的专利权质押过程中，由政府引导的质押较多，且多以有形资产作为担保。

案例：

2014年，山东泉林纸业以110件专利、34件注册商标等知识产权质押，获得79亿人民币贷款，是迄今为止国内融资金额最大的一笔知识产权质押贷款。

◇ **四、技术入股：专利跟人一起走**

以专利技术为入股条件，是常见的通过专利赚钱的手段之一。但是在实际操作层面上，更多的是将专利技术入股看作是商业合作的手段，而弱化专利本身的价值。

获取专利后，如何变现和获利呢？这是大家最关心的话题。

1.通过生产、销售专利产品变现

2014年，浙江三花控股集团销售"四通阀""电子膨胀阀"

及"微通道换热器"三大关键产品共计23.6亿元,在全球市场占有率中均为第一,拥有绝对的议价权。专利产品为该企业创造了七成的利润。

2.通过专利入股获利

2015年,酷派集团发布公告:乐视成为酷派第二大股东。根据公开资料显示,酷派持有的专利数量已超过5000件,海外专利数量超过500件,而乐视入股酷派正是因为酷派在手机应用、通信、双卡双待等多方面积累了一定数量的专利。

3.专利是企业稳定发展的基础,确保自身生产与销售的安全性

新大陆科技集团是国内唯一掌握二维码芯片核心技术的企业,2015年新大陆正式发布了第四代二维码芯片。在进行芯片开发之初,新大陆就开展了二维码识读芯片专利布局的工作,对全球1.7万多个条码专利做了细致的梳理,围绕算法、结构及特别的技术,新大陆二维码芯片获得近120项专利。

华为在全世界范围内累计获得授权专利50377件,其中在中国累计授权专利30924件。与此同时,2015年,华为的年销售收入达到600多亿美元,保持了超过30%的高速增长,其海外市场容量超过国内。华为的产品销往全球数十个国家畅通无阻。

4.享受国家给予部分政策、经济方面的补助

中国专利金奖：政府对获得中国专利金奖的单位或个人，给予每项100万元的奖励；对获得中国专利优秀奖或者中国外观设计优秀奖的单位和个人，给予每项50万元的奖励。

5.专利是企业强大实力的体现，是无形资产和无形宣传

据美国商业专利数据库显示，2014年度在美国获得专利数量前五的企业为：IBM 7534件、三星电子4952件、佳能4055件、索尼3224件、微软2829件。这些企业均拥有大量专利，也印证了企业的强大实力。

6.许可给他人使用，既获得经济利益又扩大市场占有率

如上面所述，湖北华烁科技公司将其拥有的5项催化剂专利打包许可给河北一家化工企业使用，获利5000万元人民币。

7.专利技术可以作为商品出售或转让，实现变现

如前所述，郑州大学与奥翔药业签订专利技术转让协议，郑州大学常俊标教授获得4500万元。

◇ 高通：依靠专利盈利的最具代表性公司

高通是一家制定了3G通信标准，并以输出标准、收取知识产权使用费而获利的公司。通过分析其收入构成和利润结构，不难发现高通依靠的专利盈利这一特征。

高通主要由四个业务部门组成，2012财年显示，高通技术部门、技术授权部门、无线及互联网部门的营收依次对应为88.59亿美元、54.21亿美元、6.56亿美元，三者占比分别为59.2%、36.2%、4.4%，而第四个部门——战略方案部门主要从事相关专利技术和产品的投资和收购，并不直接产生收入。

忽略无线及互联网部门不足5%的销售收入，高通的收入来源只有两个：芯片设计和专利授权。请注意，高通的技术部门是只设计、不生产芯片的。

高通设计的芯片是从100多家合作伙伴中获得了交叉许可，降低了客户的知识产权成本，并将业界的知识产权纠纷降至最低。

高通技术授权部门的营收主要包括两个部分：许可费（固定收费）和版税（按销售额的3%~5%收费）。目前，全球约有190家终端设备厂商和高通有业务往来，它们和高通的业务关系有两种：一种是向高通技术授权部门缴纳专利许可费和版税，高通主要向这些厂商收取专利授权费用；另一种就是厂商也可以直接向高通技术部门购买芯片组。

从收入结构来看，似乎是高通技术部门占较大的份额；但从利润结构来看，高通的专利授权部门毛利率高达90%，才是公司真正的摇钱树。这说明高通公司利润的主要来源是靠卖"标准"而非卖产品。

既然"高通模式"如此赚钱，为什么只有高通公司能够做到，其他绝大多数公司做不到呢？

20世纪90年代，在其他企业专注于语音信号传输的时候，高通的工程师就预见到人们将通过移动电话做更多的事情。为此，高通在战略上对芯片进行了移动接入的数字化改造。

1993年，高通CDMA传递数据包的技术，被美国电信标准协会确立为标准，特别是韩国政府，更是斥巨资投资CDMA市场，高通迎来了高速发展的3G时代。高通手握全球CDMA 10%~20%的核心专利，是3G时代的最大赢家。

取得了标准的领导权之后，高通一步步地卖掉了非主要的业务，手机部卖给了日本京瓷，基站部卖给了瑞典的爱立信。即使是最核心的芯片技术，高通也是只研发、不生产。在聚集于知识产权技术标准的同时，高通使自己经历了从重资产到轻资产的蜕变，这才形成了与众不同的"高通模式"。

在移动终端激烈的竞争中，苹果iOS、谷歌的安卓和微软的Windows三家手机操作系统的竞争愈演愈烈，但背后都离不开高通的硬件支持，绕不开高通已经占领的专利。

在移动时代，高通虽然没有像PC时代的英特尔那样，把"Intel Inside"的标签贴在每一个产品上，但在过去的二十几年，高通所做的事情，就是一直试图让所有涉及"通信"的产品，都采用高通的技术或者专利许可。

通过孵化全产业链积累的初始标准，高通将自己的专利组合当作推动整个产业前进的引擎，是依靠标准盈利的典范。把高通这种盈利模式与其他著名公司对比，你就更加一目了然：

在美国，来自专利许可收入的企业只有1%~3%，像高通这样手握这么多标准坐地收钱的公司几乎是绝无仅有的。不仅如此，出卖其专利技术许可的公司也只占少数：1/5的欧洲公司、1/4的日本公司和1/7的美国公司会出卖其专利技术许可，这说明市场的潜力很大。

但同时，这方面的增长速度也在加快。据统计，1990年到2009年间，版税和许可费收入的国际贸易每年增长9.9%，同期国际商品贸易只增长6.5%。这也说明了"高通模式"是未来的发展趋势。

◇ 格力电器：对科研经费从不设限

格力电器作为全球目前最大的专业化空调企业之一，二十年来，一直走专业化道路，始终把掌握核心科技作为企业发展的长远战略。

截至目前，格力电器已拥有国内外专利3500项，其中发明专利560多项。作为"中国创造"的先行者，总裁董明珠表示，格力电器对科研经费从来不设比例限制，只要在格力能承受的范围内，只要对格力的发展有利，多少科研经费我们都愿意拿出来。

仅2009年，格力电器就投入了20亿元的研发经费，因为董明珠坚信：只有不断加大自主创新，才能变中国制造为中国创造，在国际竞争中占据领先位置。

◇ **华为：全球累计专利授权50377件**

2000年，华为开始全面进入国际市场。当时华为是没有什么专利的，就是说基本上没有竞争能力。但是华为觉得，专利这个东西是进入世界市场竞争时必须要解决的核心问题，所以下决心投入资金。

从华为官方公布数据来看，华为在专利研发方面投入累计超过380亿美元，是NASA年度预算的2倍多，其中2015年度投入的研发资金可探索冥王星12次。华为全球累计专利授权50377件，PCT（专利合作条约）申请数量连续两年位居榜首。

第七章
Chapter 7

盈利模式七

Corporate Profit Model VII

金融盈利

Profit from Financial Tools

↓

金融盈利：依靠钱赚钱的模式来盈利。

表现方式：通过平台自身来运营资金，让资金在个人、平台、企业之间进行高效率流动，形成一个流动生态圈。

实现手段：支付、贷款、理财、保险、证券、银行、征信、基金、众筹等。

金融盈利是指依靠钱赚钱的模式来盈利，所有银行的主要盈利方式都是金融盈利。

银行怎么赚钱？有人说，银行赚的是贷款利息与存款利息的差价。比如，我今天存了100万元在银行，银行存款的利息是3%，借款的利息是10%，那么中间的利差就是7%，银行一年就赚

7万元。

如果真是这样，银行早就倒闭了，这种赚钱的逻辑只是靠产品来盈利，是没有杠杆的盈利方式。而事实上，银行使用的是杠杆盈利的模式，比如银行有一种工具叫承兑汇票，企业要向银行借款，银行只需要开出承兑汇票就可以了，不会把钱取走，这个现金还是留在银行。

如果银行开出10张承兑汇票，是不是就有10倍的杠杆了？这笔现金的价值也就被放大10倍，同样一笔钱，银行的收益就是70万元。理论上说，银行是可以开出无数张承兑汇票的，但当然，法律是不允许银行这么做的。

金融机构的盈利模式可以统一归纳为：净资产×利差×杠杆＋中间业务

从本质上说，金融的逻辑就是促进资金的流通，实现资金在时间和空间上的转移，核心是对未来和风险的定价。金融机构的核心其实就是资本中介业务，盈利的核心就是：利差×杠杆。

虽然具体盈利手段和来源不同，但金融机构在促进资金流通的过程中，其盈利模式可以统一归纳为：净资产×利差×杠杆＋中间业务。特别是利差和杠杆的乘积表示了其核心的盈利能力。

金融机构的主要盈利板块：

银行业	主要赚取存贷息差的收益
保险业	主要赚取保险合约的息差收益
证券业	主要赚取资本息差，以经纪、投行通道为主的中间业务占主导
期货业	主要赚取交易所返佣和息差，是其目前的核心利益
信托业	主要赚取信托合约的息差

◇ 一、银行业的盈利模式

银行业的盈利有三大来源

1. 通过贷款投放（客户贷款、同业拆借等）获取利息收益；

2. 通过投资各类债券获取票息及投资收益；

3. 通过银行渠道为客户办理各类中间业务，如IPO、代收、代付、代销、代管等。

前两类都是依赖资金投放获得收益，与银行的资产规模相关，与资金成本相结合，构成了银行盈利的核心指标——净息差。比如，存户存一年的定期，利率是3%，银行把这些钱贷给企业或其他个人，利率可能是5%~6%，那么中间就有2%的利率差，不要小看这个2%，如果资金规模是1000亿元，那这个利润就是20亿元。

银行的中间业务泛指代理销售各类理财产品、保险、基金等，包括代收水电费等，这些也是银行重要的利润来源之一。银行做中间业务有一个很大的优势，就是大家都觉得银行比较可信。

目前国内银行业的利润中，中间业务收入占比约20%，银行盈利的80%以上来自息差收益，这是传统的盈利模式。

传统上，银行的目标客户群主要是财务报表齐全、业务风险较低的大中型企业，近年来开始向中小型企业倾斜，但由于报表不全，监管困难，能真正意义上服务小微企业的银行较少。而且，银行业也需要通过渠道下沉来开发小微企业和个人的信贷需求市场。

◇ **二、保险业的盈利模式**

保险公司的三大盈利来源

1. 承保业绩，涵盖保费收入、赔付、准备金的变化、保单失效和费用；

2. 管理一般账户资产所获得的投资收益；

3. 代表保单持有人管理投资账户的管理费收入。

通俗地说，就是：借鸡生蛋—蛋生鸡—鸡生蛋……

保险业的具体盈利

1. 预定利润率

保险精算师进行产品定价的时候，主要考虑三个因素：风险损失率、营业费用率、预定利润率。

比如，一个保险产品的定价是100元，那么通常风险损失成本要占到75元，营业费用成本占20元，利润5元。如果实际的出险情况与预定情况基本一致，那么保险公司就稳赚这5元。

但是，如果实际发生的风险频率和损失程度超过了精算模型的假设，那么风险损失成本肯定超过了75元，可能达到90元，那么此时，保险公司不但没有了5元利润，反而还要亏损10元。所以，当自然灾害频繁出现的年头，保险公司都会利润大减，甚至亏损。

2. 投资收益

客户买了保险公司的产品花了100元,那么通常客户出险都在一段时间之后,比如半年后,那么在这半年里,保险公司如何运用客户这100元就尤为重要,保险公司必须通过投资来获取收益,弥补出现大灾时的亏损。所以,投资能力对于保险公司来说非常重要,是获得利润的主要来源。

目前国内寿险保费收入中,具有投资、储蓄性质的分红险保费收入占比超过90%,保险公司盈利几乎完全来自利差益,保险公司可赚取的利差在1%左右。

◇ **三、证券业的盈利模式**

主要指证券公司,也就是券商。炒股的朋友都知道,买股票要先在证券公司开户,这些证券公司就是证券交易所的代理商。

证券公司盈利模式

1. 经纪业务

证券交易佣金。

2. 金融产品

银行理财产品、自营理财产品、保险、信托、基金等的销售。

3. 投资银行业务：

证券保荐与承销。

4. 资产管理业务

咨询与服务。

证券公司的客户分类

证券公司的客户分三类：个人客户、企业客户和机构客户。

1. 通过财富管理、经纪业务服务于个人客户，满足不同类别的投资者的投资需求；

2. 通过投行业务服务于企业客户，为企业客户进行IPO融资、增发、并购等；

3. 通过研究服务为机构客户提供研究咨询服务，包括企业咨询、研究咨询等。

证券公司的两个利润来源

1. 经纪业务

大家买卖股票的时候，除了交给国家印花税之外，还要交给券商手续费，这就是券商的佣金。各家券商的手续费都可以打折，资金量越大，打折的幅度越大，优惠也越多。

2. 自营业务

只有取得自营资格的券商才能进行自营业务，就是可以利用自有资金进行买卖股票、基金等。如果在牛市，这是券商的大利润。当然，承销业务（帮企业发行股票）等也是盈利的渠道。

◇ **四、期货公司盈利模式**

1. 手续费收入

包括交易所的返佣。

2. 存款利息收入

客户资金规模很大时，银行是按照高于活期存款的利息支付给期货公司的，因此，期货公司不会把客户的全部资金都放到交易所。

3. 用自有资金从事非期货类的其他金融投资，比如证券、债券、基金等。

4. 实业投资

期货公司可以投资实业，只要不是主管部门禁止参与的都可以。

5. 期货培训的收入，比如投资讲座、出版资料书籍等的收入。

6. 期货相关的技术研发收入，比如出售交易类相关软件的收入等，规模较大的期货公司一般都会自行研发应用软件的。

◇ 五、信托公司盈利模式

信托公司作为一个中介平台，为筹资方提供资金，同时，又为提供资金的一方提供资金管理的服务。信托公司可以同时满足融资方的资金需求和投资方的投资理财需求。

信托公司的盈利方式

1. 通过与双方协商的回报率之间的差额实现

这个差额实质上也包含了一定的管理费、销售费用、印花税等。

2. 通过发行信托产品

信托公司只要在信托产品成立后,都会每年抽取2%~4%的管理费,不管项目是不是赚钱,这笔费用是一定收取的。

信托公司的利润来源

1. 承揽项目,募集资金,收取手续费,银信合作,归还本金赚取息差。

2. 收取管理费、信托报酬、通道费、投资收益、超额收益、产品消费发行费等。

信托投资公司利用独有优势创造收益

1. 业务功能把持优势

信托财产的独立性功能,就是所谓的破产隔离功能,该功能是实施资产证券化业务的前提条件，信托投资公司可以利用该功能从事其他公司所不能开展的业务。

2. 信托投资公司是唯一可以进行直接投资的金融机构

信托投资公司可以同时涉足金融市场和产业市场，这是其他所有机构无法比拟的，因此，信托投资公司可以积极地选择合适的项目进行直接投资。

由于信托投资公司本身具有融资能力，所以信托投资公司应该以参股的形式选择资金密集型行业进行股权投资，尤其是进入具有把持地位的产业。

3. 所从事的业务具有极强的创新潜力

信托投资公司能运用的金融工具非常多，如直接投资、贷款、租赁、担保等。这样可以根据客户的需要灵活地设计项目运作方案，满足客户的个性化要求。如果单单是提供某个金融工具的业务，或许其他的金融机构也可以提供，但是如果要组合运用多个金融工具，其他金融机构则由于资格的限制而无法提供。

◇ **所有的大公司都已涉入金融领域**

以百度、阿里、腾讯为代表的互联网公司结合自身的优势，逐步将金融深度植入各类生活场景之中，比如百度的流量延伸、腾讯的社交金融、阿里的长尾用户……这些产品在提升用户体验的同时，也在不断地构筑各家互联网企业的闭环生态系统。

而京东、小米、360也连续在众筹、支付、贷款等金融板块上发力，展现出进军互联网金融领域的决心。

传统金融机构平安集团"主动出击"，积极布局互联网金融，希望利用互联网的优势超越其他大型金融集团；传统实业万达集团也欲在BAT（B=百度、A=阿里巴巴、T=腾讯）的夹缝中撕开一道口子，为线下体验式消费提供综合金融服务。

在跑马圈地的过程中，各家大企业不仅迅速地抢占牌照资源、流量资源，也注重在相关的领域与传统金融机构展开战略合作，如：百度与中信银行成立百信银行；腾讯与阿里、平安联合成立首家互联网保险公司——众安在线，这在巩固各自优势的同时，也让互联网金融领域精彩纷呈。

互联网金融巨头行业布局汇总

	百度	阿里	腾讯	京东	小米	360	平安	万达
支付	√	√	√	√	√	√	√	√
贷款	√	√					√	√
理财	√	√	√	√	√		√	√
保险	√	√					√	√
证券	√	√					√	
银行	√	√	√				√	
征信		√	√				√	√
基金		√	√		√	√	√	
众筹	√	√	√	√	√	√	√	√

注：符号√表示企业开展此项业务。

◇ 互联网金融将形成一个流动的生态圈

互联网金融是传统金融与互联网结合后的产物，目前，国内主要的互联网金融发展模式有众筹、P2P、第三方支付、互联网投融资平台等，互联网金融可以说已进入到快速发展期。

金融的核心是资金流动，互联网金融也不例外，但与传统金融机构相比，互联网金融具备较多优势。

1. 无地域时间等因素限制，可以吸收众多个人闲散资金，集中到平台使用。

2. 可以打通信息沟通壁垒，基本做到金融信息透明化，消除一部分信任危机。

3. 可以帮助转化角色，使得金融流通的双方地位平等，更加开放，更能取得共赢效果。

在传统的融资环境之下，企业到银行融资不仅手续烦琐、速度较慢，而且还需要承担较高的银行利率，对企业会产生很高的生存压力，因此，势必要寻求新的融资方式，而互联网金融正好可以利用自身优势弥补传统融资的不足。

传统金融机构的资金流动渠道往往比较单一，流动性不高，使用效率较低，而互联网金融在现阶段可以从最大限度上盘活资金流动，以众筹和P2P平台为例，可以把个人的闲散资金集中起来，使得少量资金具备了流动价值，然后通过平台自身来运营资金，让资金在个人、平台、企业之间进行高效率流动，形成一个流动生态圈，大大提高了资金的使用率，同时又可以为多方人员提供便利，形成共赢。

其中，移动支付或移动端主要分为三个层面：一个是ROM

层,小米和苹果是该层的巨头;二是应用层,该层面占主导地位的是微信,已占据我们日常使用手机时间的40%左右;三是电商层,在这一层面,阿里有着明显的优势。

由于各个层面之间的差异,所以处于三个层面的企业获得的征信数据也不尽相同。阿里占据消费终端数据,微信拥有社交数据,而小米拥有的是系统底层的数据。

◇ **百度在互联网金融领域七大板块业务布局**

百度是全球最大的互联网入口之一,拥有超过6亿用户和14款用户过亿的移动APP。同时,百度拥有海量互联网数据,并能基于强大的云计算能力、领先的人工智能与大数据技术,实现数据挖掘与智能化处理。

1. 支付:百度钱包
2. 贷款:百度小贷、百度财富、百度有钱
3. 理财:百度金融、百度财富
4. 保险:百安保险
5. 证券:国联证券
6. 银行:百信银行

7. 众筹：百度金融子板块

◇ **阿里巴巴在互联网金融领域九大板块业务布局**

阿里巴巴集团致力为全球所有人创造便捷的网上交易渠道，提供多元化的互联网业务，涵盖B2B贸易、个人零售、支付、企业管理软件和生活分类信息等服务范畴。2014年9月19日，阿里巴巴集团在纽约证券交易所正式挂牌上市。

业务和关联公司的业务包括：淘宝网、天猫、聚划算、全球速卖通、阿里巴巴国际交易市场、1688、阿里妈妈、阿里云、蚂蚁金服、菜鸟网络等。

蚂蚁金融服务集团于2014年10月正式成立，专注于服务小微企业与普通消费者，是阿里巴巴集团多项业务中的重要一环。蚂蚁金服旗下业务包括支付宝、芝麻信用、蚂蚁聚宝、网商银行、蚂蚁小贷、蚂蚁金融云、余额宝、招财宝、蚂蚁花呗等。

蚂蚁金服自成立起便明确走平台化的道路，将开放云计算、大数据和信用体系等底层平台，推动移动金融服务在三四线城市和农村的普及。

1. 支付：支付宝

2. 贷款：蚂蚁小贷，含：蚂蚁花呗、阿里信用贷款、网商贷、淘宝（天猫）信用贷、淘宝（天猫）订单贷

3. 理财：余额宝、招财宝、蚂蚁聚宝

4. 保险：众安保险、国泰产险

5. 证券：德邦证券

6. 银行：网商银行

7. 征信：芝麻信用

8. 基金：天弘基金、数米基金

9. 众筹：蚂蚁达客、淘宝众筹

◇ **腾讯在互联网金融领域九大板块业务布局**

腾讯金融业务布局在2015年发生重大改变，取消了此前以财付通为主体构建的金融业务架构，全部划入到新的"支付基础平台与金融应用"线下。腾讯以"连接一切"为终极战略目标，业务定位倾向于打造开放平台，发挥"连接器"作用，故其金融业务多为渠道、流量入口、平台等模式，强调合作共生。

以2005年9月财付通成立为标志，腾讯进军金融领域已有十年之久。以往，腾讯对金融业务的战略定位是抢占渠道、流量入口，以合作的方式做大渠道和入口，这种方法有利于发挥腾讯的

传统资源优势，但是缺乏一以贯之的产品开发和真正的市场占有率。

随着时间推移，腾讯金融"全牌照"布局逐步完成，在完成金融生态闭环建设后，腾讯金融未来的关键在于自身数据资源的挖掘以及应用场景的搭建。

1. 支付：微信支付、财付通
2. 贷款：投资人人贷、微粒贷
3. 理财：理财通
4. 保险：众安保险、联合设立寿险公司
5. 证券：投资富途证券、投资华泰证券
6. 银行：微众银行
7. 征信：腾讯征信、设立硅谷大数据实验室
8. 基金：好买基金
9. 众筹：腾讯乐捐

◇ 京东在互联网金融领域七大板块业务布局

独立于2013年10月的京东金融，在不到两年时间内以极其迅猛的速度完成布局，俨然形成互联网金融大鳄之势。目前，京东金融已建立起七大业务板块，陆续推出服务B端的投融资（网

商贷、京保贝、京小贷）、众筹等；在C端，则推出白条（京东白条、京东钢镚）、众筹（产品众筹、股权众筹、轻众筹）、理财等。

在牌照方面，京东已拿下支付、小贷、保理、基金销售支付结算等多张金融牌照，其余的如征信等牌照，京东金融亦表示在积极申请之中。

1. 支付：网银在线、京东支付
2. 贷款：供应链金融、京东白条
3. 理财：京东小金库、妈妈理财
4. 保险：京东保险
5. 证券：白条ABS、股神APP
6. 征信：大数据征信布局、申请征信牌照
7. 众筹：京东众筹、京东东家

◇ **小米在互联网金融领域六大板块业务布局**

小米科技创办于2010年4月，被大家熟知的是小米手机、小米电视、小米盒子。实际上，这只是小米科技的一部分，而小米科技又只是小米公司旗下的众多子公司之一。小米公司旗下包括

多家公司，除小米科技外，还有小米通信、小米电子软件、小米支付、小米移动软件、小米软件技术、小米数码科技等至少7家公司。

继2014年的快速扩张和发展，2015年小米不但在手机、数码、智能家居、医疗健康等实体领域实现了跨越式发展，而且在支付、基金、众筹、证券等互联网金融领域快速布局、不断完善小米生态体系。

1. 支付：小米支付、捷付睿通
2. 贷款：小米小贷
3. 理财：小米活期宝
4. 证券：老虎证券
5. 基金：小米基金宝
6. 众筹：多彩投

◇ **奇虎360在互联网金融领域四大板块业务布局**

奇虎360科技创立于2005年9月，是中国领先的互联网和手机安全产品及服务供应商。致力于提供高品质的免费安全服务，旗下有360安全卫士、360杀毒、360安全浏览器、360手机卫士、好搜搜索、360儿童卫士等系列产品。2011年3月30日，奇虎360公司正式在美国纽交所挂牌交易。

与其他巨头相比，奇虎360在互联网金融领域进行布局的主要优势是其各板块平台的安全性。360推出的支付、理财、众筹产品都是主打安全。此外，360掌握的流量和大数据是其第二大优势，而金融是一个很好的变现渠道。

360目前拥有5亿PC用户和7亿手机用户，平均导航1.33亿，搜索占有33%的市场。凭借这些资源优势，360足以在互联网金融有一番作为。

目前，360集团已经提交了第三方支付牌照申请，"360你财富"已经通过中国基金业协会的私募基金备案，并正在申请基金销售牌照。此外，奇虎360对消费金融牌照和互联网保险经纪牌照等领域也会进行布局。

1. 支付：360安全支付
2. 理财：你财富
3. 基金：中证360互联网+大数据100指数
4. 众筹：360淘金、奇酷众筹

◇ **平安集团在互联网金融领域九大板块业务布局**

中国平安保险（集团）股份有限公司于1988年诞生于深圳，是中国第一家股份制保险企业，至今已发展成为集保险、银行、投资三大主营业务为一体，核心金融与互联网金融业务并行发展的个人金融生活服务集团之一。

平安集团旗下子公司包括平安寿险、平安产险、平安养老险、平安健康险、平安银行、平安证券、平安信托、平安大华基金等，涵盖金融业各个领域，已发展成为中国少数能为客户同时提供保险、银行及投资等全方位金融产品和服务的金融企业之一。

在互联网金融业务方面，集团已布局了陆金所、万里通、车市、房市、支付、移动社交金融门户等业务，互联网金融业务高速增长，截至2015年6月底，总用户规模达1.67亿。

1. 支付：平安付
2. 贷款：平安普惠
3. 理财：陆金所
4. 保险：平安保险
5. 证券：平安证券

6. 银行：平安银行

7. 征信：前海征信

8. 基金：平安大华

9. 众筹：平安众+

◇ **万达集团在互联网金融领域六大板块业务布局**

万达集团创立于1988年，形成商业、文化、金融三大产业集团，2015年资产6340亿元，收入2901亿元。

万达商业是我国最大的不动产企业和最大的五星级酒店业主，万达商业拥有全国唯一的商业规划研究院、酒店设计研究院、全国性的商业地产建设和管理团队，具备商业地产的完整产业链和企业的核心竞争优势。

同时，万达文化集团是中国最大的文化企业、世界最大的电影院线运营商、世界最大的体育公司，旗下包括影视、体育、旅游、儿童娱乐4家公司。

万达金融集团旗下拥有网络金融、投资、保险等公司，为商家和消费者提供一站式创新金融服务，2015年收入209亿元。

1. 支付：快钱、快钱钱包

2. 贷款：万达网络信贷

3. 理财：快钱理财

4. 保险：百年人寿

5. 征信：万达征信服务

6. 众筹：稳赚1号

第八章
Chapter 8

盈利模式八

Corporate Profit Model VIII

国家盈利

Profit from the Ecosystem

↓

国家盈利：又称"生态盈利"，是最高级别的盈利模式，通过聚集庞大的用户量，服务用户的方方面面，用户的所有经济行为都和我有关。

表现方式：核心竞争力就是打造一个产业的生态系统，延伸到人们生活的方方面面，就像日常生活中的水电煤气一样。

实现手段：以用户为圆心，把各大看似不相关但又紧密联系的业务组成一个同心圆，既保持一定的独立性，又可以发挥协同效应，使用户的价值最大化。

所谓国家盈利，就是一个人从出生到死，从早上起床到晚上睡觉，他所花的每一分钱都跟我有关。所以，国家盈利也是最高级别的盈利模式。

所有大型的互联网公司，它们的最终目的就是发展成国家盈利这种模式。它们透过聚集庞大的用户量，服务用户的方方面面，包括生活、工作、休息，最后形成了一个盈利的生态系统。只要用户在我这套生态系统之内，其参与的所有经济行为都和我有关，因此，我们也把这种盈利方式称为"生态盈利"。

一个国家是怎么盈利的？国家盈利的方式多种多样，其中最普遍的是来自于税收方面的收入。那么，我们国家的税收是怎样的呢？大致看一看：

◇ **一、来自企业层面的税收**

营业税、增值税、企业所得税、应纳城建税、应纳教育费附加、堤围防护费、个人所得税（代缴）、印花税……

◇ **二、来自个人层面的税收**

个人所得税、购置税、车船使用税、验车上牌费、房产契税、印花税、营业税……

其实，在一个工薪族的一生中，他所要承担的税费远远不止上面这些，他还要缴纳许多针对个人征收的"隐形税"。举一个例子，比如阿宏，软件销售公司的一名普通职员，我们看看他平时一天所缴的税费：

7点30分，起床，刷牙洗脸。阿宏每个月大约用水2.5吨，水价为4元/吨，每月付出水费10元，其中包括增值税1.15元，同时还为市政建设缴纳了水资源费、城市污水处理费、城市附加费等若干收费。另外，阿宏每个月购买牙膏花费4元，其中包括增值税0.58元。这样，阿宏平均每天在用水和刷牙的过程中为政府贡献了至少0.058元的税费。

8点，阿宏的早餐是2个面包和一杯豆奶，花费3.5元，其中包括0.193元营业税和城建税，另外还分摊了部分早餐店申办的卫生许可证、营业执照的费用，以及早餐店缴纳的房屋租赁手续费、市容卫生管理费等若干不等的收费。

8点30分，阿宏打的到公司，花费20元。这20元车费中，包含了车船使用税、营业税、强制险费用、车辆购置附加费、燃油税、公路客货运附加费、公路运输管理费、机动车辆牌证（含行驶证）工本费、机动车驾驶证工本费、机动车辆安全检验费……这些税费难以计算，姑且算为4元。

9点—12点，阿宏在公司上班，工作之余，还买进了5000元股票，花去印花税5元。中途还吸了两支烟，阿宏每个月在吸烟方面，大概花费200元，其中包括29.05元增值税和96.93元消费税。另外，这200元中还分摊了烟厂在收购烟农种植的烟叶时，政府向烟农征收的20%的烟叶税，这个数目也难以确定，暂且计为8元。以此计算，阿宏因吸烟平均每日向政府缴税至少4.47元。

12点—13点，阿宏与客户共进中餐，花费200元，其中至少有营业税和城建税11元，还不包括分摊餐馆的其他税费。

13点—17点，工作。阿宏应某销售杂志约稿，撰写稿件一篇，获得稿费1600元，缴税112元。

17点—17点40分，阿宏买了两瓶白酒送给父亲作为生日礼物，花费342元，其中含有49.69元增值税，59.66元消费税。另外，阿宏还顺便为女朋友买了150元的化妆品，这些花费中含有增值税21.79元，消费税38.46元。

17点40分—18点10分，阿宏打的回家，共花费20元，其中税费也算4元。

18点10分—19点，阿宏在家做饭，用电饭煲煮饭，用燃气炒菜。阿宏平均每月要花电费50元，燃气费15元。其中电费的构成很复杂，除了正规税收外，还含有城市公用事业附加费、中央电力基金和三峡工程建设基金……燃气费除了正规税收外，则含有城市公共事业附加费，而且他此前还支付了几千元的燃气初装费。以此计算，阿宏每月在缴纳电费和燃气费时已被收了7.47元增值税。

另外，还有各种杂费若干，分摊到每天至少0.25元。此外，这顿晚餐中的大米、鸡蛋、蔬菜、肉、油盐酱醋等花费约4元，其中的税费同样很难计算清楚，包含了增值税、消费税、营业税、城建税、集市贸易管理费、个体工商户管理费、城市卫生费……我们暂计为0.7元。

20点—22点，阿宏与朋友K歌，AA制，花去50元，其中包括营业税10元和版税若干。

22点30分—23点30分，上网。网络费每月150元，另外，阿宏每月电话费200元，这些开支中有营业税10.5元，平均每天花费0.35元。

24点，睡觉。

这一天，阿宏的开销是803.8元，其中包含209.62元税费，占消费额的26%，也就是说，如果免除这些税，阿宏这一天至少可以节省四分之一的开支。

一个人生活在社会中,哪怕是乞丐,只要有购买行为,就免不了要交税。此外,人们在生活中的其他场合也可能交税,例如,当你的工资收入超出一定标准,要交个人所得税;如果你买车,要交车辆购置税、车船税;如果你买房、卖房,要交相关的契税、印花税,也可能交营业税、个人所得税和土地增值税;如果你办企业,从事生产经营活动,涉及的税就更多了。可以说,在生活中的每一天、每一个角落,税收无处不在,人人都是纳税人。

哪怕有一天,你要离开这个世界了,想把财产留给孩子,那么还得交一笔遗产税。

因此,所谓国家盈利,就是一个人从出生到死,从早上起床到晚上睡觉,他所花的每一分钱都跟我有关。所以,国家盈利也是最高级别的盈利模式。

这样,当我们站在国家的高度再来看阿里巴巴,那就很好理解了。阿里巴巴集团不是几个网站的集合,它实际上是一个产业的生态系统,上面的800万卖家就是阿里巴巴的纳税大户。

首先,淘宝利用免费的门槛吸引了大量的卖家入驻,然后又用低价吸引大量的买家进来。当卖家的数量多了之后，买家打开淘宝，眼花缭乱，看不到自己的店铺，怎么办？阿里巴巴推出了阿里妈妈，阿里妈妈帮你做推广，所以现在越来越多的卖家抱怨：在淘宝上开店，仅推广成本就占了30%。

如果用国家盈利的逻辑来看，那30%不就是税收吗？可是抱怨归抱怨，淘宝店照样还得开，因为所有的网购用户都在上面。当然，这里列举的仅仅是阿里巴巴在电子商务这个领域的冰山一角。事实上，阿里巴巴和马云帝国的盈利已经不单单局限于电子商务，而是延伸到人们生活的方方面面了。

2016财年交易额、营收分别突破30000亿、1000亿大关，不仅代表阿里进步神速，也成为中国商业史上的一个里程碑式的事件。这一亮丽成绩的背后，均指向阿里引以为傲的电商生态系统，这也是其核心竞争力所在，让其他电商玩家望尘莫及。

我认为，生态最重要的特征是同心圆，即以用户为圆心，把各大看似不相关，但又紧密联系的业务组成一个同心圆，既保持一定的独立性，又可以发挥协同效应，使用户的价值最大化。

显然，阿里苦心经营的电商生态走的是实力派路线：大数据和云计算是商业基础设施；用户、商家、服务商（含支付、物流、售后）三大核心环节缺一不可，成为阿里电商生态系统重点的发力对象。

用户方面，最典型的莫过于移动化和村淘。前者是迎合移动电商兴起的潮流，立足于All in无线战略，以手淘为"航母"+其他APP为"航母上的各种飞机"的策略，抢占移动入口，最终把手淘打造成平台级、淘系辨识度最高的单一产品。3月，淘系移动月度活跃用户达4.1亿，仅次于微信、手机百度。

作为阿里未来10年的三大战略之一，农村电商的核心表现形式是村淘，它承载阿里挖掘农村电商巨大商机的重要使命，其中的任务之一就是带动农村消费升级，即培养农村用户网购习惯，使其成为新货源、新用户的增长点。

这是电商在一、二线城市增速放缓后，拓展三线城市和农村市场的必然选择。阿里一方面是紧抓用户消费趋势，另一方面是挖掘潜在用户的需求，双管齐下，巩固淘系用户的根基。

众所周知，用户与商家是互相依存的关系，在保持用户规模稳定增长的同时，服务好商家也是必不可少的，因此，淘系的最大贡献就是开发大量的导购类产品。

在PC时代，分类导航是重要的消费者动线，但在移动时代则逐渐弱化，基于大数据的个性化推荐成为主流。为适应分类导航的变化，淘系完成导购端推荐产品的设计。

另外，支付、物流也是支撑阿里电商生态正常运转的重要力量，最佳观察时机莫过于双11，不仅是包括支付在内的阿里技术团队大练兵，也可以真实反映菜鸟的战斗力。2015年双11共完成7.1亿笔支付，支付宝支撑起8.59万笔/秒的交易峰值，是2014年双11峰值3.85万笔/秒的2.23倍，远超全球其他支付机构的处理能力。

菜鸟的表现也毫不逊色，成功经受住巨大订单压力的挑战，全天累计产生物流订单4.67亿单，同比增长68%，其中第一单仅用14分钟就送到用户手中，跨境第一单送达仅用一个半小时。

如此庞大的体量，单靠任何一家物流公司都难以完成，只有凭借大数据和社会化协同，才能解决这个世界级难题，菜鸟平台模式的优势逐渐显现。

而值得注意的是，作为底层技术支持的大数据和云计算也功不可没。无论是大数据体量、丰富程度还是处理运用，阿里在互联网行业都是数一数二的。同时，收入一直保持三位数增长的云计算是阿里财报的一大亮点，业务规模远超行业第二，逐渐成为阿里"第三级火箭",而且能与亚马逊AWS、微软Azure同台竞技。

如果阿里云能够继续保持三位数的增长势头,未来或将改写全球云计算的格局。就像马云所说,阿里巴巴将成为整个互联网产业的基础设施,就像人们日常生活中的水电煤气一样。

由此可见,大型的互联网公司,它们的最终目的就是发展成国家盈利这种模式,透过聚集庞大的用户量,服务用户的方方面面,最后形成一个盈利的生态系统。只要用户在我这套生态系统之内,他参与的所有经济行为都和我有关。

下 篇

赚钱三十六计

生意的经历是人生修行

这无关别人看你的观点
因为这与他的角度有关

相关的是你人生的经历
以及你经历当下的心情

随着时间不断缓缓流淌
顺着事情逐步细细体会

越来越多类似经历的人
和你的感悟产生了共鸣

于是一群人走到了一起
共同开启了新商业传奇
生意的本质是生活艺术
生意让生命变得有意义

生意的本质应仅此而已
这就是我所理解的生意

第一计　赚钱计

没有现金就不是赚钱，

利润思维是企业倒闭的源头。

所有的企业倒闭都是因为没有现金，

而不是没有利润。

利润是干出来的，

现金是想出来的。

赚钱的公式是资源加经营，

董事长抓资源整合，

总经理抓利润经营。

第二计　资源计

赚钱来自：

资本、资源、人才、项目、策略……

各种优质资源的聚集。

资源聚集才是赚钱的前提！

资源聚集的秘诀是：

先流动，后整合，再创造！

第三计　服务计

一切以成就别人、

服务别人为目标。

先成人后达己,

坚决放弃本位主义。

上个时代赚钱靠走货,

这个时代赚钱靠走心!

第四计　网络计

一切以：

锁定为有资源的人提供最优质的服务。

构建一条巨大的渠道，

形成庞大的推广网络。

企业的渠道网络是小微企业最强大的核心竞争力，

也是最宝贵的财富！

第五计　逆向计

老板向内抓：定位改革。

向下抓：用户层面的改革。

向外走：抓资源层面的改革。

企业的突破要从企业外部去寻求，

从有限的空间拓宽到无限的空间。

第六计　老二计

赚钱的关键是：会跟。

紧跟时代趋势随时调整结构。

能顺应时代趋势，

主动选择做老二，

乐当各种行业的合伙人，

抓住当下热门的行业紧紧跟随。

第七计　干股计

所有的合伙先是资源的聚集，

才会有经营的成功。

资源人合伙共同出资实股制，

经营者干股制。

巧妇难为无米之炊，

获得利润最大化是企业CEO的责任，

并不是老板的责任。

可以利用干股制与高管团队共享利润分成，

这个观念在公司成立之前就需要建立。

第八计　定位计

老板也是一个岗位，

他的角色定位是：

商业模式创新专家、外部资源整合高手。

他的岗位职责就是：

找到更多能够增加盈利的新项目。

老板的本职工作就是：

持续不断地找到新的盈利增长点！

第九计 入口计

想要赚钱，先做入口，

再好的项目也要接触到人。

不是用赚钱的事接触到人，

而是先接触到人，

才有赚钱的事。

这个时代竞争的主旋律就是：

入口大战、圈人比赛。

生意不好的本质就是没有客流量，

没有客人的本质就是：

缺少获得客流量的入口！

第十计　借道计

借助别人的通道，

迅速接触到别人的用户，

帮助拥有用户的人，让他的价值最大化，

才是获得用户的超级入口！

线下实体门店就是最好的客流量通道，

而服务线下实体门店，

就是未来五年最大的商业机会。

第十一计 平台计

从个体经营迈向合伙经营，

从合伙经营未来迈向平台化经营。

把公司改造成为员工的创业平台，

改造成为行业的销售平台。

可以成为竞争对手的亲密战友，

每天绞尽脑汁为竞争对手卖货。

把销售型盈利方式转换为服务型盈利方式，

把利己主义转为成人达己。

第十二计　扣点计

把自己的营收建立在别人的成本之上，

而不是建立在自己的收入上。

与其花心思提高自己的营业收入，

不如研究如何帮助别人提高营业收入。

从别人的营业收入当中提取销售扣点，

从资源创造型盈利迈向资源整合型盈利，

最终迈向资源流动型盈利！

第十三计　跨行计

要用行业外的盈利收入补贴本行业内的用户，

商业模式就是不务正业，

借别人的水浇自己的花园，

拆别人的东墙来补自己的西墙。

传统盈利时代以产品来划分行业，

现代商业以用户来区分企业。

所以要从传统的产品进行相关性延伸，

迈向以用户进行相关性延伸。

具体的表现形式为：

主业拿来做入口，起到引流作用，

通过跨行业产品或服务来实现盈利。

第十四计　混合计

专业化经营是工业时代的主要特征，

而今天随着客户：

需求多样化、信息多样化、产品价值透明化……

企业想要获得盈利，

就要打破行业界限，

进行立体化、多元化、组合化、混合化经营。

对赚钱的行业划分要打破，

对行业经营的定位要混合化。

所以这个时代是：

跨行业合作、同行业混合、混合化经营！

第十五计　专业计

21世纪的主旋律是专业主义,

而老板这个岗位是通才型人才。

企业的核心竞争力首先是:

老板在某一领域拥有专业性,

这是企业核心竞争力的原点。

老板的专业性,

就确定了公司对某一领域的专业化,

这是撬动世界的支点。

第十六计　生态计

从单一产品或主营业务盈利，
延展到消费者的生活圈。
从过去的一生一次或一生一品，
到赚钱一生一世和方方面面。
从公司化经营迈向投融化经营，
迈向资本化经营和投融化经营，
迈向资本化经营和生态化经营；
从关注企业内部迈向关注企业外部，
获得顾客的终身价值和边际价值！

第十七计　顾客计

传统意义上把顾客当成盈利对象，
为了从顾客身上获得盈利，
所以大量投资固定资产和各种相关费用，
从而赚取顾客的价值。
传统商业把顾客排斥在利益共同体之外，
今天必须对顾客进行深度挖掘，
帮助顾客把背后的人脉资源开发出来，
帮助顾客打造人脉资源，
实现消费免费化！
企业的资源分为不可再生资源
和可再生资源。
真正要花更多心思在顾客身上，
顾客资源是企业取之不尽、
用之不竭的再生资源！

第十八计 用户计

顾客就是商品的购买者,

会员就是生活方式的购买者,

要把顾客先变成会员,

从卖产品转变为卖生活方式,

再把会员转化成为用户。

所谓用户就是具备转换价值的消费者,

唯有用户才能实现跨行业和生态盈利。

今天各行各业最大的机会就是:

如何把各行各业的顾客转变成会员,

最后成为企业的用户!

第十九计　传媒计

今天所有的公司，

都已经成为传媒公司，

任何公司都需要获取人们目光聚集的机会。

老板要成为老师，

企业要善于包装，

小公司要有成为大公司的大架势，

大量的案例见证和各领域人群的分享：

顾客见证、员工见证、

代理见证、学习见证……

文字化、图片化、音频化、视频化、病毒化的

大量传播、传播、再传播！

第二十计　明星计

每一个老板都是某一利益集团的代言人!
要让冷冰冰的企业实现企业人格化,
最好的形象代言人就是老板自己!
你所经营的并不是企业,
而是老板自己。
老板应该成为企业化和社会化的明星,
从自己的个人形象定位去包装,
上台演讲:语音、语速、语调,
言谈举止、待人接物……
所有的一切都得按:
企业明星的标准去包装!
打造商业领袖的形象,
未来商业弄潮儿的个性!
要有自己的一套独有的:
使命、愿景、价值观、商业模式、商业哲学。

第二十一计 会员计

会员购买的是公司贩卖的一种生活方式!
设计出一种人们想要的生活方式,
并贩卖给所有的顾客,
实现全员会员化!
设计完善的会员晋级和利益分配体系,
会员类的商业活动归文化公司管理,
顾客类的产品消费归产品公司管理。
未来的消费是购买一种生活方式,
为了这种生活方式提供配套产品或服务,
生活方式的购买形式是会员制,
因此,得会员者得天下,
没有会员为基础,
无法实现用户的转换价值!

第二十二计　积分计

积分的意义在于：

发行企业内部的货币，

获得资金沉淀的时间，

以及未来资金使用的杠杆。

让企业成为数字银行，

在金融的世界里，

时间就是货币！

如何建立企业内部流通的一种货币，

是企业未来实现杠杆化经营的独门武器。

顾客来消费了都要给积分，

转介绍或推荐者都给积分。

如何让转介绍这件事情变得伟大？

就要把提成、分钱转变为：

积分制、兑换制、晋级制。

目的就是让他人变得伟大！

第二十三计　晋级计

五级晋级制：

把顾客设计成五级晋级制，

把代理商设计成五级晋级制，

把服务商设计成五级晋级制，

把员工设计成五级晋级制，

把股东设计成五级晋级制，

把老板设计成五级晋级制！

企业的力量，

来自对升官发财的渴求！

唯有满足每个个体的小我，

才能实现企业目标的大我！

任何一个组织要运作

必须有一套严密的晋级体系！

第二十四计　代理计

今天的销售已经不能依赖员工和代理商！

今天最强大的代理机制，

应该建立在深度开发顾客的基础上，

制定各种级别的代理机制。

传统的代理商，

应转型成为服务顾客型的代理商，

公司的员工应转变成为服务型的员工。

可以分别设计为：

成为代理，重消免费；

成为代理，可以赚钱；

成为代理，可以实现财富自由；

成为代理，可以分为多个等级。

从晋级制赚级差迈向平台收益和全国分红！

第二十五计　生态计

事业部制是公司化运作的前奏曲，

打造项目成为企业银行，

深度挖掘企业背后的隐性机会和无形价值，

就是打造企业银行的最有效手段！

具体表现是：

把每一个具备盈利能力的项目，

都分开成为有独立利益体的事业部制。

任何一个项目都要拆开，

每一个项目都要搭合伙人和CEO，

建立起黄金三角关系，

让每一个项目都能自动化运行。

第二十六计　股份计

利用股份制的各种技术，

来连接企业的各方利益体，

共同迈向一个目标。

今天的老板不能当股盲，

股权的力量是企业经营的核武器！

世上无难事，只怕有心人。

任何你想要实现的事情，

只差一个能把这件事情搞定的人。

利益共同体、全员股东化。

任何你想要的资源都在别人手里，

任何你想找的人都在别人的世界里，

股份就是让你连接世界的桥梁。

第二十七计　钢丝计

一个钢丝级顾客，能抓住10个铁丝级顾客；

一个铁丝级顾客，能抓住10个粉丝级顾客；

一个粉丝级顾客，能抓住10个普通消费者；

一个钢丝级顾客，能抓住1000个普通消费者。

传统商业是从知名度到美誉度到忠诚度；

现代商业是从忠诚度到美誉度到知名度。

企业应该从抓住大量顾客，

转换为聚焦在：

抓住最核心的钢丝级顾客！

让顾客从消费到传播，

到成为代理到共创事业，

形成一套以钢丝粉驱动的内部自循环系统。

第二十八计　免费计

免费不是不要钱，

免费可以不要钱，

免费可以收大钱，

免费可以倒贴钱。

免费不是一个点子，

免费是一套新的商业系统，

是一套得到和舍去盈利的计算方式，

是企业整合资源能力的一种体现。

未来的商业竞争将会是免费能力的竞争！

看得见的前端是免费的模式，

看不见的后端是生态建设的能力，

整合新项目、新资源才能做免费。

第二十九计 爆品计

任何一个伟大的公司,

都要从单一爆品切入市场。

每一个公司在扭亏为盈或东山再起时,

都要靠一款爆品打天下。

一定要持续不断地推出阶段性的爆品,

企业的增长才能够一浪高过一浪。

爆品的特征是人人都会买且无法抗拒!

这就要从用户的痛点去寻找其隐性需求,

制造出用户的兴奋点让其购买和传播,

最后透过各种活动造势来实现快速引爆。

爆品要紧跟时代潮流:

外观设计上创新、定价方式上创新、

销售方式上创新、利益分配上创新、

推广方式上创新、商业模式上创新、

组织结构上创新、销售网络上创新……

学会在别人的爆品基础上去做修改,

采用跟随、再超越、后领导的爆品战略。

第三十计　频次计

每次消费都能产生后端的频次，
从关注单客的消费金额，
转向关注单客的消费频次。
用户的黏性才是今天最大的资本！
对于来消费过的任何顾客，
都要研究如何增加其回头率，
以及转介绍的频次，
都要通过赠送高黏性的产品或服务，
来增加再次回头的频次，
释放出更大的前端引流和中端高黏性，
利用后端产生跨行业的暴利，
以及消费末端的边际收益，
才是这个时代盈利的基础条件。

第三十一计　微商计

任何一个微小的个体，

都要投入到商业中来。

微商的微是：

微小的个体、微小的商店、微小的商业，

微商不是生产产品，更不是销售业，

微商是服务业，服务大众创业。

未来的时代是全民微商的时代。

微商不是卖面膜，

而是通过朋友圈

深度挖掘顾客背后的人脉价值。

免费化、社群化、服务化、实体化、

众筹化、平台化、生态化、资本化，

从狭义微商转向平台微商，

从广义微商迈向生态微商！

一切行业皆微商，所有店铺皆微商，

所有顾客皆微商，随时随地皆微商。

第三十二计　预收计

预收是把未来收益提前变现的一种手段!

一定要摆脱传统的割肉型预收方式,

利用单品来进行零障碍预收,

达到再次引流和锁定顾客的目的。

计算顾客的延伸性收益和边际收益,

最后制定出一个能够突破顾客心理预期的底线,

实现前端建立庞大的蓄客池,

再转换到中后端,

实现暴利和中长期盈利,

利用预收以点带面。

第三十三计　众筹计

众筹是向社会大众筹集社会资源的方式，
筹集资金只是筹集资源的其中一种方式。
众筹最强的力量在于"多中心化"：
从自己去做众筹转变为帮助被你众筹的对象，
帮他们去众筹。
而帮助他们众筹之后的价值，
最后可以转换为本企业的价值。
众筹特性是群体持续性协作的行为。

第三十四计　联盟计

赚钱=资源+经营。

老板的主要工作就是整合各类资源,

总经理的工作就是把资源转变为利润,

那么参与各种联盟就是获得资源转变为利润的途径。

资源管理分为资源创造、资源整合、资源流动,

参与和组建跨行业联盟、同行业联盟,

就是为了实现资源的流动!

建立共同价值观,

让资源和资源匹配,

达成整合的目的,

最后产生化学反应,

实现资源的再次创造,

最后实现超预期的盈利。

联盟就是资源的入口!

第三十五计　社群计

未来公司将会逐渐转化成为：

社群化组织、平台型企业、控股型财团。

而小微公司最大的机会在于能够锁定一群用户，

经营他们的生活方式，

嫁接各式各样的产品或服务。

把自己的主营业务嵌入到所经营的生活方式当中，

让生意和生活合二为一。

多组织各类活动，

旅游将不再是独立的行业，

旅游将会成为"旅游+"

嫁接到各行各业中去。

未来的老板见面时的自我介绍，

不再是"你是什么公司"，

而是变成"你是什么会"。

第三十六计　分拆计

把产品服务和会员资格进行分拆,
把会员资格、各种消费场景
及生活方式再进行分拆。
通过把各类产品和服务分拆或打包,
牢牢锁定用户的回头率、转化率、推荐率。
把各种消费场景或生活方式都打包,
使其成为一种会员资格,
并配上各类产品或服务,
让顾客通过推荐此类会员资格,
从中获得推荐收益和中长期的未来可持续收益。

经管类好书推荐

《全能团队：用最少的人做最多的事》

◆ 微软、腾讯、百度、阿里巴巴等知名企业一直用的团队模式。

◆ 重新定义团队新模式，手把手教你打造小而美、精而专的全能团队，让企业实现指数级增长！

《顶层思维：逆转人生的神奇心理效应》

◆ 本书遴选了包括墨菲定律在内的57个好玩又实用的心理效应，结合中外经典案例，详尽解析了每种效应的内涵及应用，适用于人际交往、职场沟通等多种领域。

《埃隆·马斯克：嚼着玻璃，凝视深渊》

◆ 现实版"钢铁侠"埃隆·马斯克的跨界传奇人生，披露埃隆·马斯克成立和运营PayPal、特斯拉、SpaceX等公司不为人知的故事。

《招标》

◆ 销售精英揭露销售圈的潜规则。销售高手对决，天堂或地狱，如何抉择？

◆ 《财富》《华尔街日报》等多家财经媒体推荐，销售圈疯传的"销售秘笈"。

《给你一个团队，你能怎么管？》

◆ 畅销200万册系列纪念版！

◆ 500强企业的必选团购书，MBA商学院必选课程。手把手帮你打造企业中的3高铁军：高凝聚力、高执行力、高战斗力。

《布局人生：通往财富自由之路》

◆ 一本真正适合中国人阅读的创富实战指南，实用可操作的人生规划手册。从时间管理到演讲力再到学习力，教你如何做好人生规划，从而实现财富自由。

一流的原创稿件孵化基地
专业的图书策划出版平台
强劲的媒体公关宣发渠道

北京三鼎甲文化传播有限公司是国内知名的图书出版服务商，主营图书组稿、策划、出版及宣传发行业务，同时也是原创优质影视IP内容孵化平台。公司总部位于北京CBD核心区，大望路东郎电影创意产业园，年出版图书400余品种。

公司一直秉承"为社会输送优质图书"的企业文化，成立15年来，吸引了江苏省前省委书记韩培信、共青团中央、CCTV栏目组、东方卫视栏目组、"济公"扮演者游本昌、知名KOL等重要客户，共计出版图书四千余品种，覆盖经济管理、成功励志、文学艺术、生活休闲、社会热点、教育教辅、健康养生、人生哲理八大领域，发行网络覆盖全国。

策划发行有《梦想永远不会太晚——"济公"游本昌的智慧人生》《剑桥倚天屠龙史》《秒睡》《招标》《埃隆·马斯克传》《情商高，就是会好好说话》《高情商沟通术》《顶层思维》《布局人生——通往财富自由之路》《优秀的人都会掌控情绪》《全能团队》《快速社交》《香奈儿女孩》《末代枪王》《陕北煤老板》《年华烟然》《商道与女人》《微商思维2》等一众超级畅销书。

业务范围：稿件撰写、出版发行、宣传炒作、版权交易、影视改编、剧本创作

出版咨询热线

总裁办（总编室）：13426238818 010-65211700
邢老师微信二维码见下图

投稿邮箱：6156586@qq.com
公司地址：北京市朝阳区现代城西路东郎电影创意产业园A104栋

三鼎甲书业
当当网上书城
查看已出版图书

微信扫码

邢老师

微信扫码